AF461796

RECUEIL

DES PLUS JOLIES MAISONS DE PARIS ET DE SES ENVIRONS:

Ce Recueil comprend les élévations intérieures et extérieures de chaque maison, les détails des croisées, balcons, entablemens et leurs décors, ainsi que le profil ou coupe pour indiquer la hauteur des planchers;

Dessinés et mesurés par J. Ch. KRAFFT, ARCHITECTE DESSINATEUR.

COLLECTION

OF DRAUGHTS OF THE PRETTIEST HOUSES IN PARIS AND THE ENVIRONS:

This Collection comprises the interior and exterior heights of each house, the details of the windows-frames, balconies, entablatures, and their ornaments, as also the profile or coping, to indicate the height of the ceilings drawn and measured, by J. C. KRAFFT, DRAUGHTMAN.

SAMMLUNG

DER SHÖNSTEN HÄUSER VON PARIS UND DEN UMLIEGENDEN GEGENDEN.

Diese Sammlung enthält die innern und äussern Aufrisse eines jeden Hauses, die Details der Kreuzstöcke, Altäne, Gesimse, nebst deren Verzierungen, so wie auch das Profil oder den Durchschnitt, um die Höhe der Fussböden anzuzeigen: gezeichnet und gemessen von J. C. Krafft, Zeichner und Baumeister.

DEUXIÈME PARTIE.

PARIS,
DE L'IMPRIMERIE DE J. L. SCHERFF, PASSAGE DU CAIRE, N°. 110.
1809.

DEUXIÈME PARTIE.

AVANT-PROPOS.

Encouragé par les suffrages que messieurs les Ingénieurs et Architectes ont accordé à mon ouvrage de charpente, et animé du désir de me rendre utile aux arts, autant qu'il est en mon pouvoir, j'offre au public ce recueil de dessins, dans lequel j'ai tâché de réunir les élévations extérieures et intérieures des plus jolies maisons de Paris et de ses environs, les détails des croisées, balcons, entablemens et leurs décors, ainsi que le profil ou coupe de chaque maison en particulier, pour indiquer la hauteur des planchers.

Ces maisons ont été pour la plupart construites depuis vingt ans par des architectes d'un goût exquis, d'un goût qu'ils ont puisé dans la contemplation des anciens monumens. Non contens d'avoir, pour les progrès de l'architecture, entrepris de longs et pénibles voyages, et d'avoir relevé cet art de l'état de décadence où il était tombé, ils consacrent leur vie à former des élèves, dans lesquels ils revivront, et que les architectes de l'ancienne Grèce et de Rome n'auraient point rougi d'avouer pour rivaux.

Louis XIV est le roi qui a le plus contribué à la régénération de l'architecture : il fut le protecteur de ceux qui se livraient à l'étude de cet art. Les monumens qu'il fit élever par des architectes nos compatriotes, et par d'autres architectes qu'il sut attirer à sa cour du fond de l'Italie, ont beaucoup contribué à immortaliser son règne. Cependant la plupart de ces monumens, quoiqu'exécutés par des mains habiles, sont loin de se distinguer par ce goût épuré, par cette noble et élé-

PREFACE.

Encouraged by the suffrage with which the engineers and architects have honored my production on timberwork, and animated by the desire of making myself useful to the arts as far as in my power, I offer to the public this collection of draughts, in which I have endeavoured to place together the exterior and interior heights of the prettiest houses in Paris and the environs, the details of window-frames, balconies, entablatures, and their ornaments, as also the profile or coping of each house in particular, to indicate the height of the ceilings.

Most of the houses have been built within these twenty years by architects of exquisite taste, a taste acquired by the study of ancient monuments. Not satisfied with having, for the improvement of architecture, undertaken long and painful journeys, and raised that art from the state of decline into which it was fallen, they devote their lives to forming pupils in whom they will still live, and whom the architects of ancient Greece and Rome would not have blushed to acknowledge for rivals.

Lewis the Fourteenth is the king who most contributed to the regeneration of architecture. He was the patron of those who gave themselves up to the study of that art. The monuments which he had erected by architects of our own nation, and others whom he drew to his court from the remotest parts of Italy, greatly contributed to immortalising his reign. Yet most of those monuments, though executed by able hands, are far from being remarkable for that purety

VORBERICHT.

Durch den Beifall aufgemuntert, den die Herren Ingenieurs und Baumeister meinem Zimmerwerk ertheilt haben, und von der Begierde bewegen mich der Kunst, so viel in meinen Kräften steht, nützlich zu machen, biete ich dem Publikum diese Sammlung von Zeichnungen an, in welcher ich den äussern und innern Aufriß der schönsten Häuser von Paris und den umliegenden Gegenden, die Details der Kreuzstöcke, Altane, Gesimse, nebst deren Verzierungen, so wie das Profil oder den Durchschnitt eines jeden Hauses insbesondere, um die Höhe der Fußboden anzuzeigen, zu vereinigen gesucht habe.

Diese Häuser sind größtentheils seit zwanzig Jahren durch Baumeister vom reinsten Geschmack erbaut worden, einem Geschmack den sie durch Betrachtung der alten Denkmäler erlangt haben. Nicht genug daß dieselben, die Fortschritte der Baukunst zu befördern, lange und mühsame Reisen unternommen, und diese Kunst aus dem Verfall in den sie gerathen war, emporgehoben haben, widmen sie ihre Lebenszeit Schüler zu bilden, in welchen sie gleichsam wieder aufleben werden, und welche die Baumeister Griechenlands und Roms sich nicht geschämt hätten als ihre Nebenbuhler anzusehen.

Ludwig der XIVte ist der König der am meisten zur Wiederherstellung der Baukunst beigetragen hat. Er war der Beschützer aller derer welche sich dieser Kunst widmeten. Die Denkmäler welche er durch Baumeister unserer Nation und anderer die er aus Italien an seinen Hof berief, errichten ließ, trugen viel dazu bey sein Reich zu verherrlichen. Jedoch sind die meisten dieser Denkmäler, obgleich sie von geschickten Händen errichtet worden, noch weit entfernt von dem reinen Geschmack, von der edlen und niedlichen Einfachheit welche den Hauptcarakter der alten und

gante simplicité, qui font le caractère principal des anciennes constructions et de celles d'aujourd'hui; car ce n'est pas toujours par la construction de masses imposantes et d'une vaste étendue, qu'un architecte peut faire briller son génie; les talens se font remarquer dans les moindres ouvrages. Si les Vignole, les Palladio, les Bramante, les Perruzi, les Balthazar et plusieurs autres célèbres architectes ont éternisé leurs noms par les grands monumens qu'ils ont élevés, ils doivent aussi une partie de leur gloire à la construction de ces charmantes habitations, qui font les délices de ceux qui vont à Rome pour admirer les chefs-d'œuvres des grands maîtres et y puiser le bon goût.

Plusieurs architectes modernes ont prétendu faire passer leurs noms à la postérité en s'érigeant en novateurs : leur cerveau enfanta des idées gigantesques et bizarres, qu'ils tracèrent sur le papier, leurs dessins se caractérisant par la pesanteur et la prodigalité de ces mauvais ornemens. Heureusement pour nous, ils ne pourront jamais parvenir à ébranler le goût qui nous est inspiré par les modèles excellens de nos grands maîtres; et malgré leurs efforts, nous ne perdrons pas de vue les deux caractères distinctifs d'un ouvrage d'architecture : *élégance et simplicité.*

Ce recueil sera composé de vingt cahiers in-4°, chacun de huit planches gravées au trait, dont le prix est ainsi fixé : 4 francs sur papier ordinaire, 6 francs sur papier d'Hollande, et 18 francs lavé à l'encre de la Chine.

of taste, that noble and elegant simplicity, which are the principal characteristics of ancient fabrics, and of those of the present day. For it is not always by the construction of imposing masses of vast extent that an architect can display his genius. Talents show themselves in the most trifling works. If the Vignoles, the Palladios, the Bramantes, the Perruzis, the Balthazars, and many other celebrated architects have immortalized their names by the great monuments they have raised, they likewise owe part of their glory to the construction of those charming habitations which so delight those who go to Rome to admirethe masterpieces of the great masters, and acquire good taste.

Several modern architects have thought they should transmit their names to posterity by becoming innovators. Their imaginations gave birth to gigantic and fantastic ideas which they represented upon paper; their draughts were distinguished for heaviness and a lavishnefs of ornaments devoid of taste. Fortunately for us, they will never succeed in subverting the taste inspired by the excellent models of our great masters, and, notwithstanding all their efforts, we shall not lose sight of the two distinctive characteristics of works of architecture: *elegance and simplicity.*

This Collection will be composed of fourteen numbers in-4°. each containing eight engraved sketches, the prices as follows: 4 franks on common paper, 6 franks on Holland-paper, and 18 franks don ower with Indian ink.

neuern Gebäude ausmachen. Denn ein Baumeister kann nicht immer durch Errichtung grosser Messen von weitem Umfang sein Genie glänzen machen; die Talente zeigen sich in den geringsten Werken. Wenn Vignole, Palladio, Bramante, Perruzi, Balthasar und mehrere andere berühmte Baumeister ihren Nahmen durch grosse von ihnen errichtete Monumente verewigt haben, so verdanken sie auch zum Theil ihren Ruhm, der Erbauung jener angenehmen Wohnungen welche so viel Reitz für alle die Personen haben die nach Rom reisen um die Meisterwerke der grossen Künstler zu bewundern und allda den guten Geschmack zu schöpfen.

Mehrere neuere Baumeister glaubten ihren Namen auf die Nachwelt zu bringen, indem sie sich als Neuerer aufstellen. Ihr Hirn gebahr riesenmässige und wunderliche Ideen die sie auf das Papier zeichneten; ihre Risse zeichnen sich durch Schwerfälligkeit und Verschwendung schlechter Verzierungen aus, glücklicherweise für uns werden sie nie den Geschmack zerrütten können den uns die vortrefflichen Muster unserer grossen Meister einflössen; aller ihrer Bemühungen ungeachtet werden wir nie die zwei Hauptcaraktter eines architektonischen Werks aus den Augen setzen: *Zierlichkeit und Einfachheit.*

Diese Sammlung wird aus zwanzig Heften in-4°, jede aus acht, im Umriß gezeichneten Kupfertafeln, bestehen. Der Preiß jeden Hefts ist, auf ordinär Papier, 4 Franken; auf holländisch Papier, 6 Franken; und getuscht, 18 Franken.

Frontespice de la 2e Partie
du Récuil des plus jolies Maisons
de Paris et de ces
Environs.

Élévation. Profil.

Krafft del. Adam sc.

Maison, Rue du Mont-Blanc.

Détail de la Maison, Rue du Mont-Blanc.
G
F
B
H
4 pieds 2 pouces.
A
E
C
D
1 2 3 4 5 6 pieds

Krafft del.

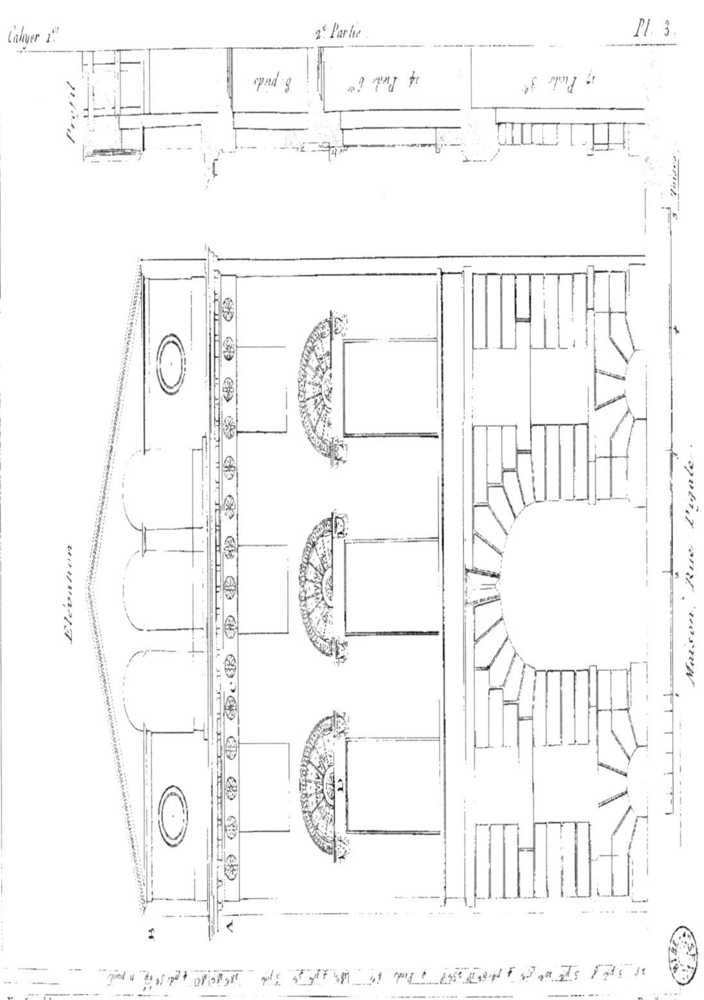

Krafft del. Boullay. S.

Élévation.

Profil.

1 2 3 4 5 6 Toises.

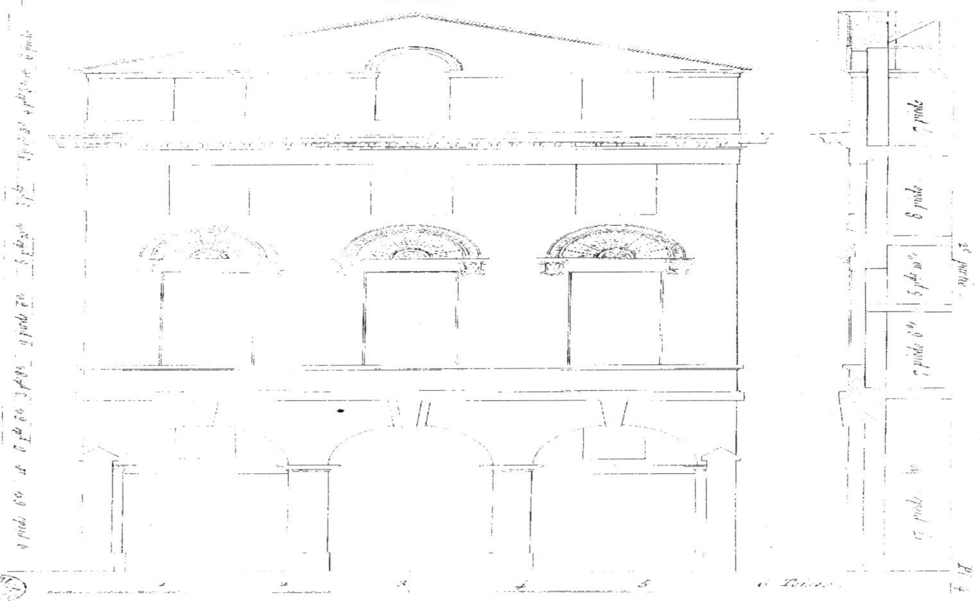

Krafft del.

Maison, Rue Pigale du Coté du Jardin.

Adam S.

Krafft del. Adam S.

Détail de la maison, Rue Pigale.

Krafft del. Adam S.

Maison, Rue Pigale.

Krafft del. Maison Rue des 3 frères du Coté de la Cour. Berthault S.

Krafft del. — Maison, Rue des 3 Frères du Côté du Jardin. — Adam S.

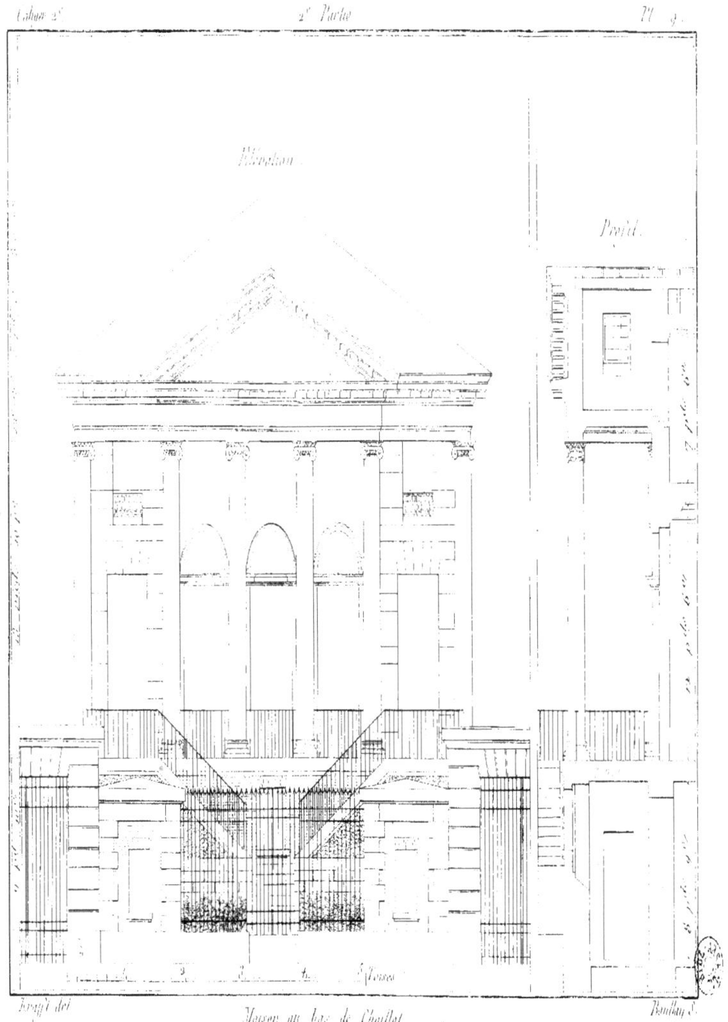

Krafft del. Boullay S.

Maison au bas de Chaillot

Maison, Rue de Surène

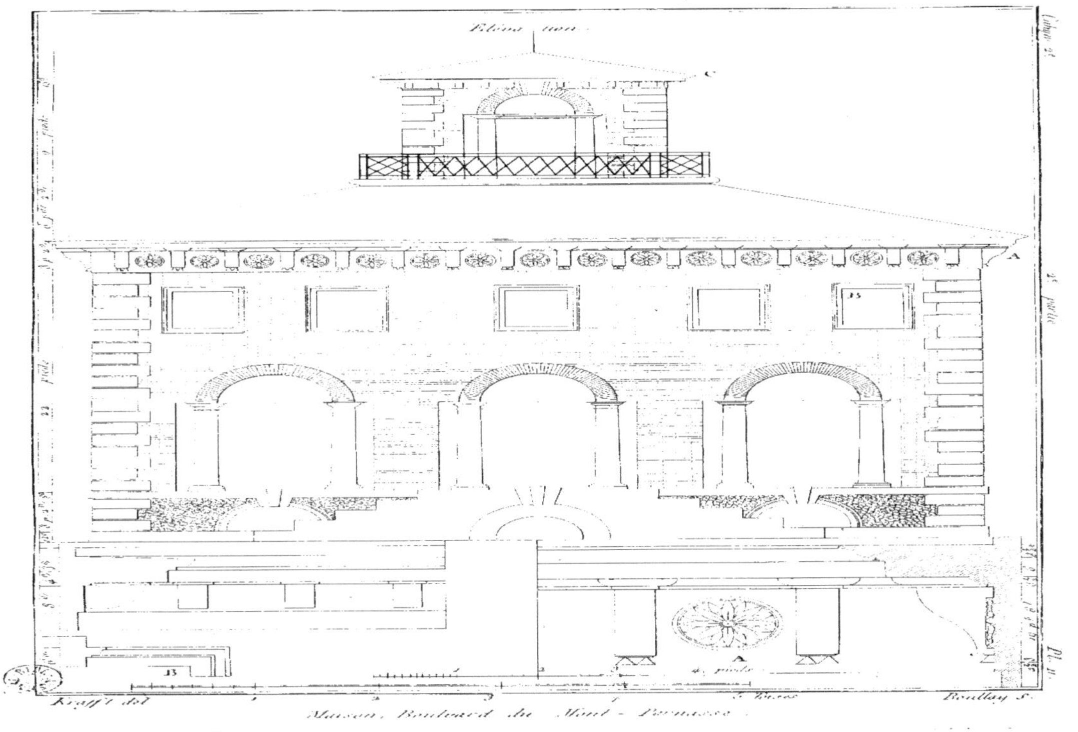

Maison, Boulevard du Mont-Parnasse.

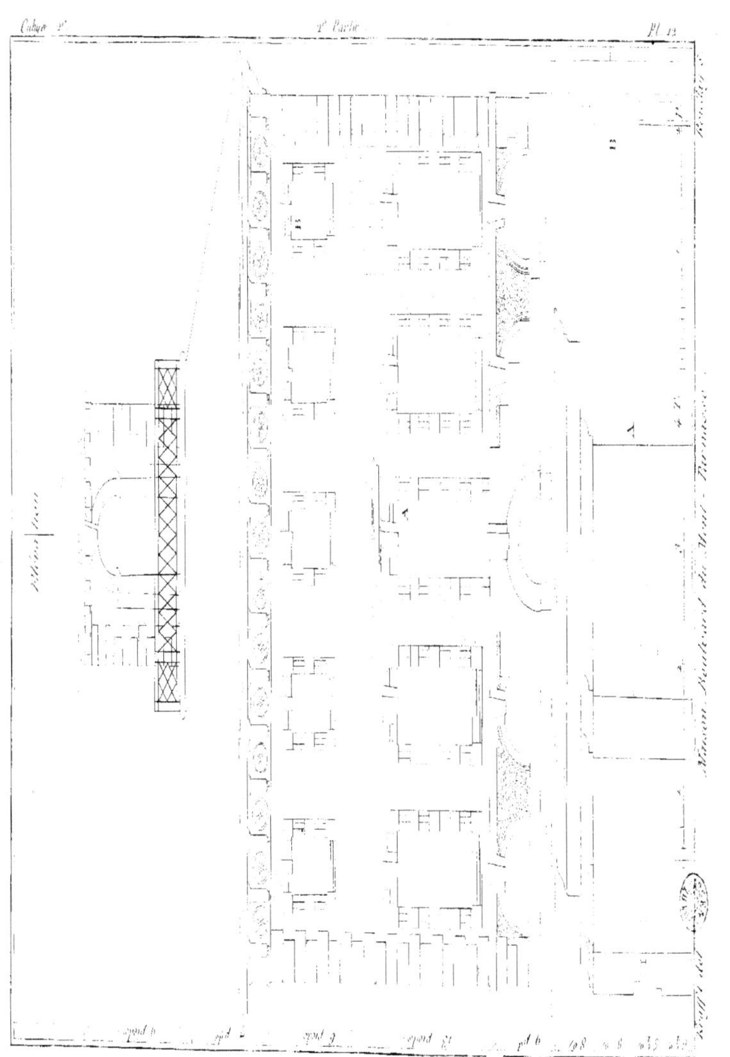

Kraft del. Maison, Rue des 3 frères.

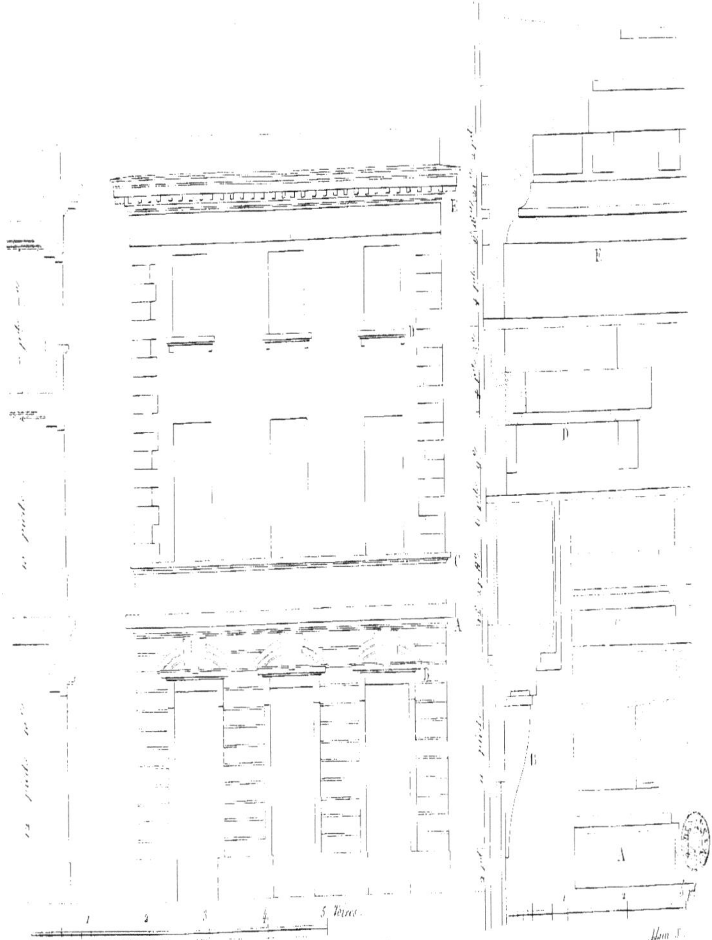

Krafft del. Maison, Rue des Sts Pères. Ham. sc.

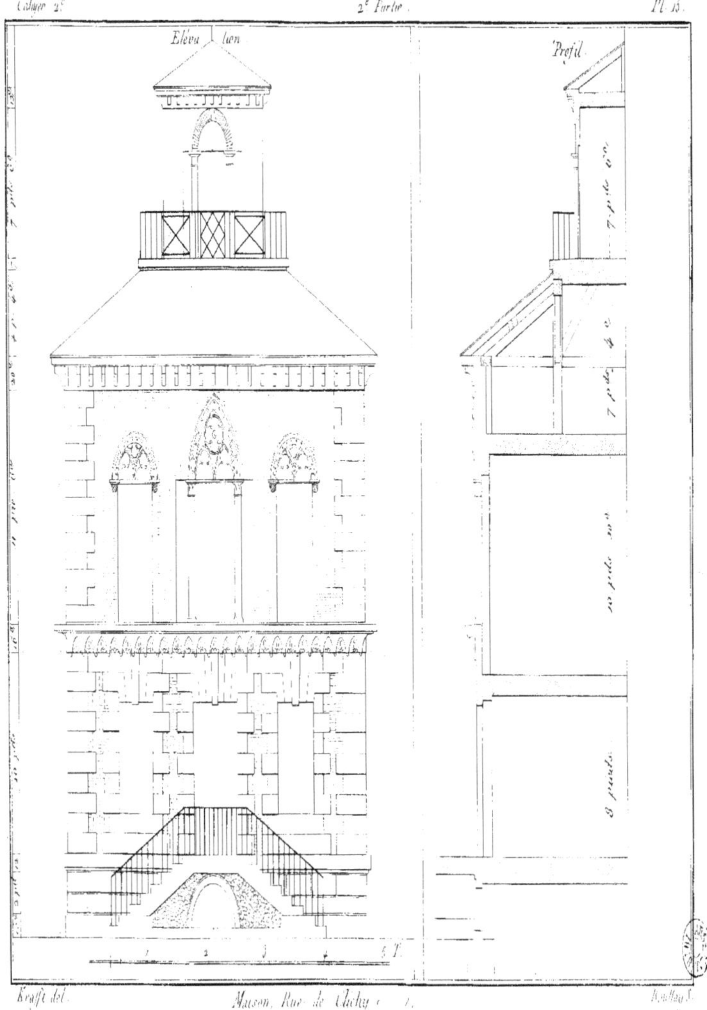
Cahier 2e
2e Partie.
Pl. 15.
Elévation
Profil.
1 2 3 4 5 T.
Krafft del.
Maison, Rue de Clichy

Cahier 2e
2e Partie
Pl. 26
Profil
Elevation
Maison, Rue de Miromenil

Élévation du Côté de la Cour.

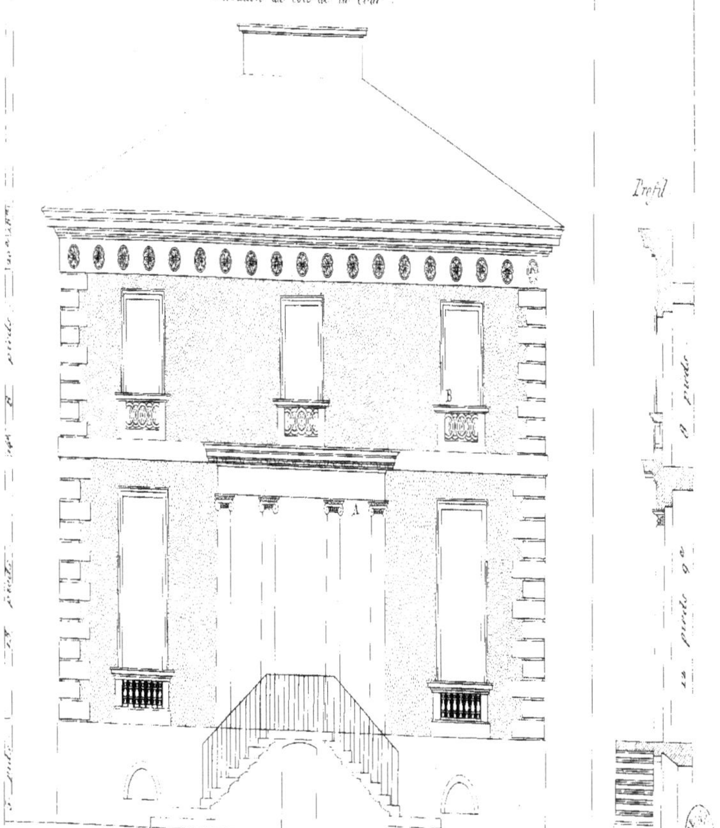

Profil

A

B

1 2 3 4 5 Toises.

Krafft del.

Maison, Rue du Mont-Blanc.

Adam S.

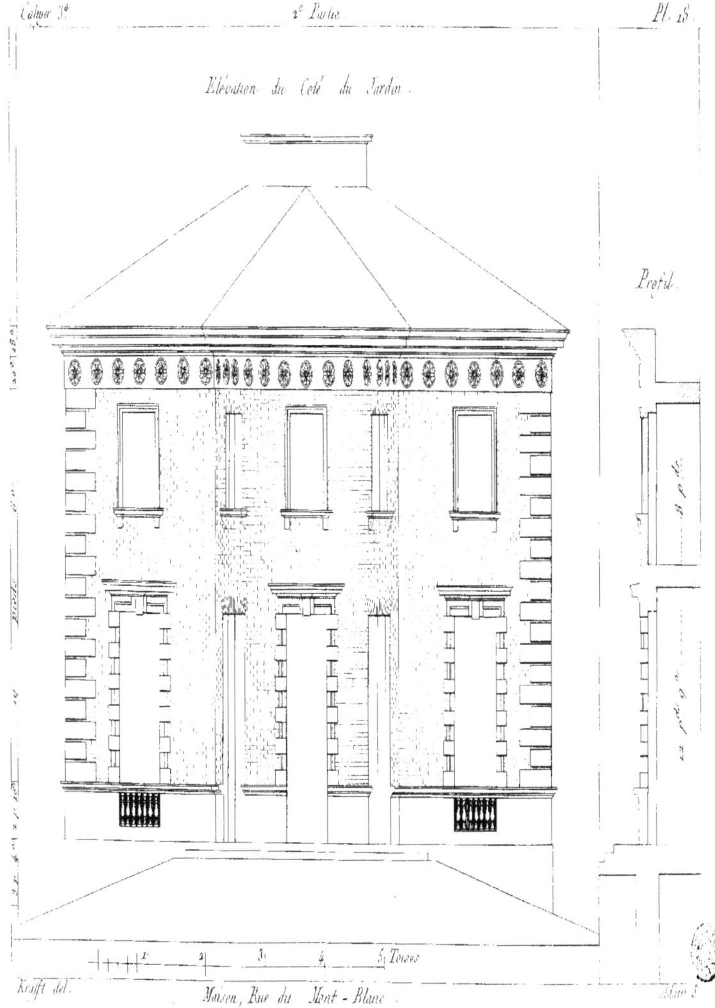
Cahier 3e
2e Partie
Pl. 18.
Élévation du Coté du Jardin.
Profil.
8 p.ds
1 2 3 4 5 Toises
Krafft del.
Maison, Rue du Mont-Blanc.

Cahier 3e
2e partie
Pl. 19
A
Détail
B
C
D
1 2 3 4 5 6 pieds
Krafft del.
Adam s.

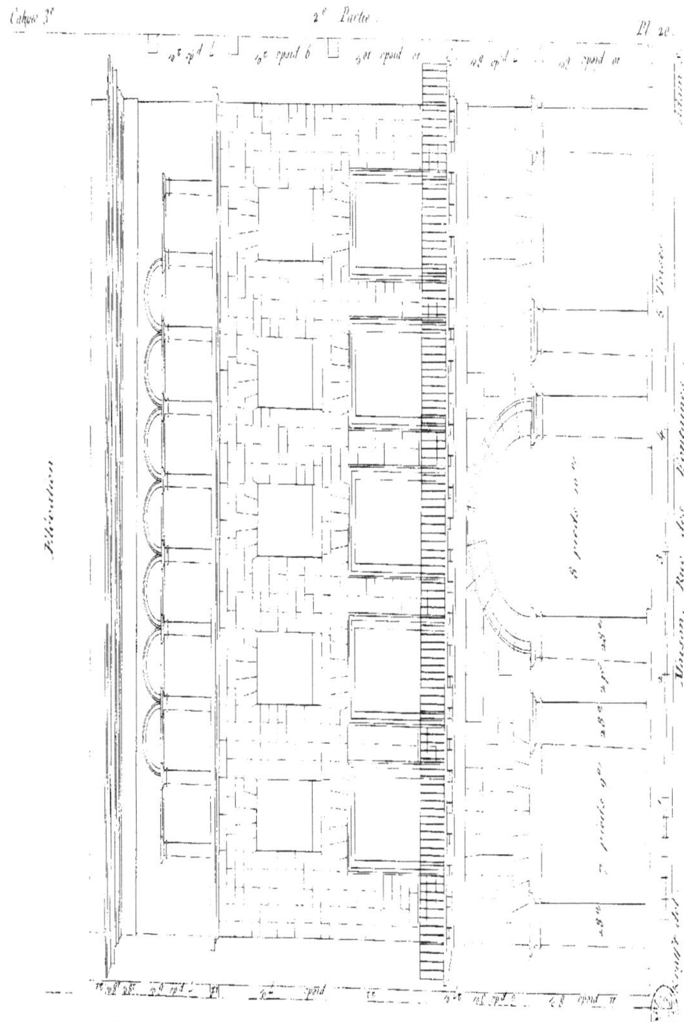

Cahier 3e
2e Partie
Pl. 21
Elévation
Profil
Détail
A
B
5 Toises
Maison, Rue du faubourg St Honoré

Élévation du Côté de la Rue.

Élévation du Côté du Jardin.

Profil.

1 2 3 4 5 Toises

Krafft del. Maison, Rue Chaussa... Adam S.

Krafft del. Maison, Rue Bleu. Adam s.

Krafft del. Maison, Rue Saint Lazare. Adam S.

Krafft del. Maison, Boulevard montreuil à Versailles. Adam S.

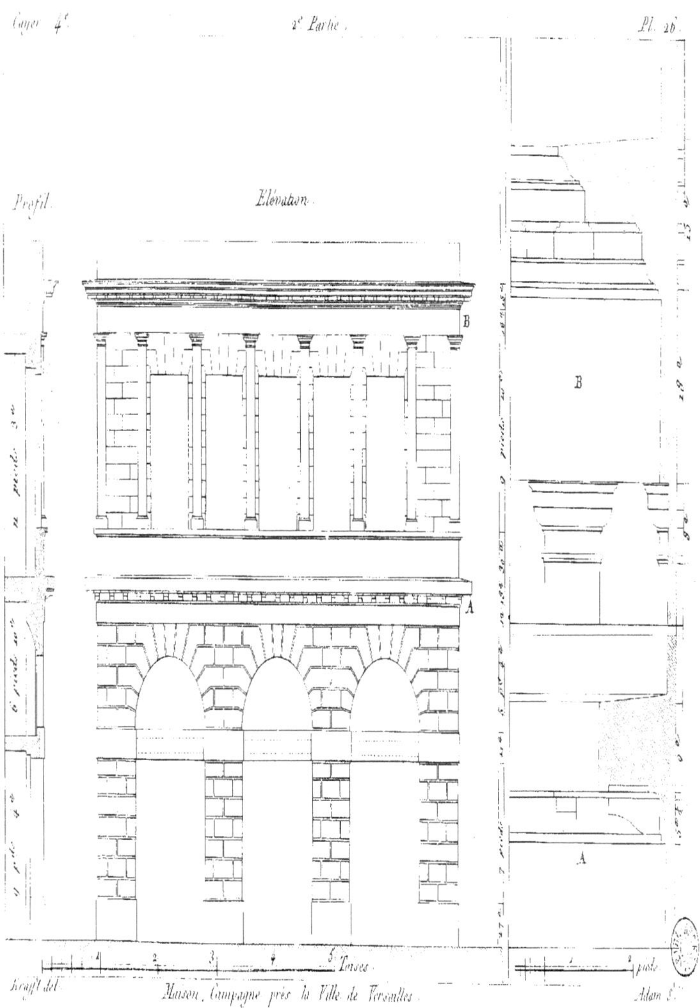

Maison, Campagne près la Ville de Versailles.

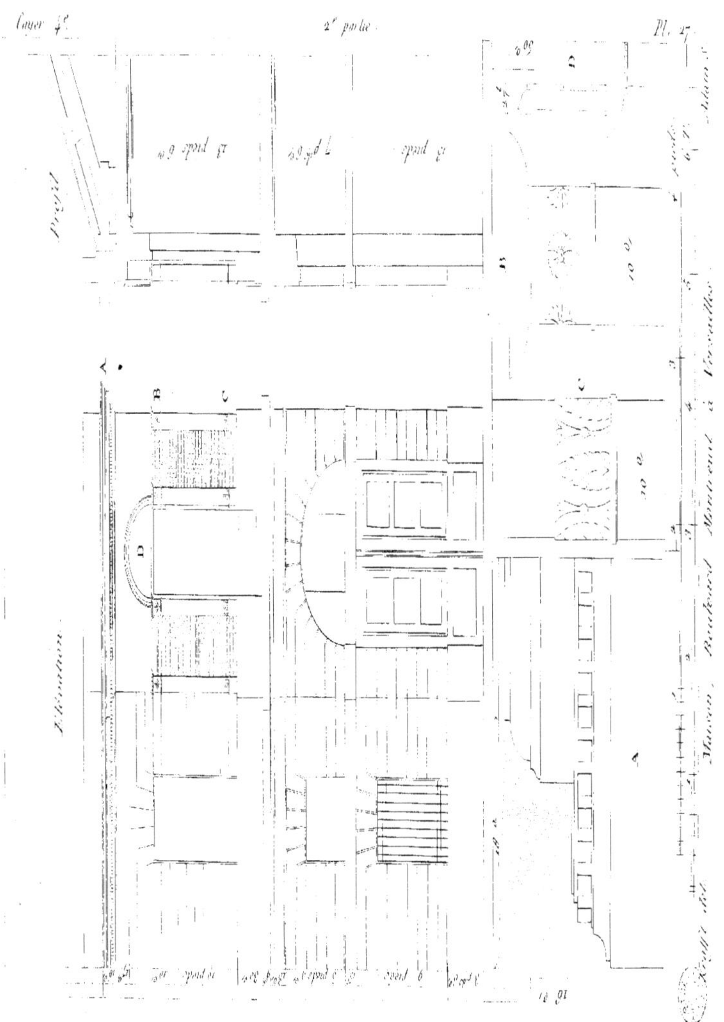
Élévation
Projet
Maison, Boulevard Montreuil, à Versailles
Krafft del.

Maison, Boulevard montreuil à Versailles.

Cahier 4e
2e partie.
Élévation.
A
1
2
3
4 Toises.
Krafft del.
Maison, drohonet Rue Merpas à Versailles.
Adam S

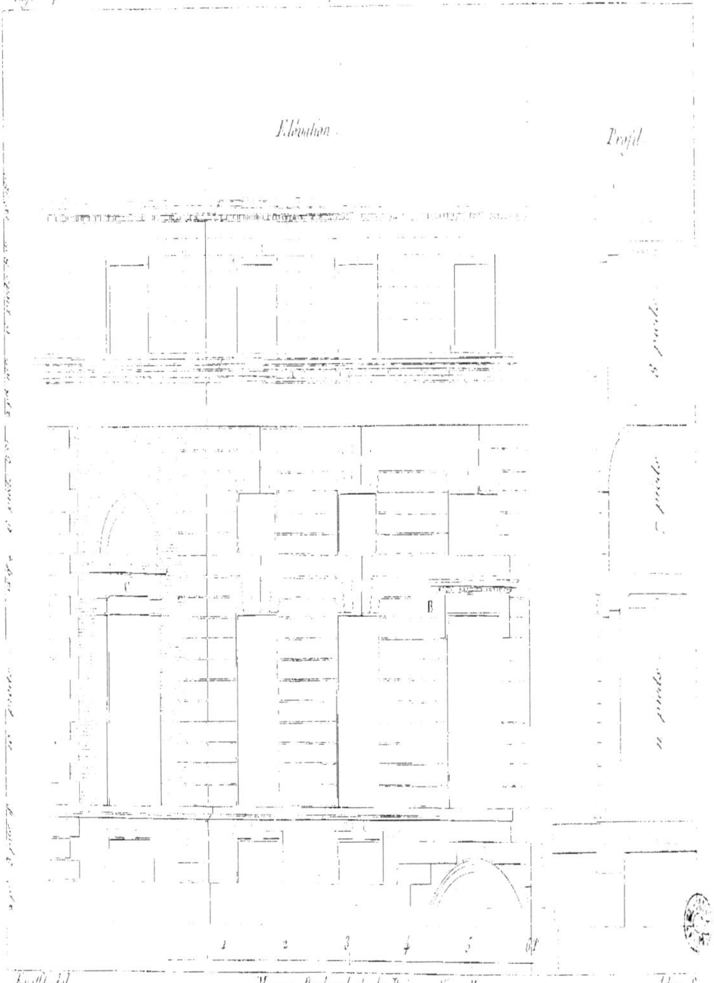

Élévation.

Profil.

C

B

1 2 3 4 5 6m

Krafft del. Maison, Boulevard de la Reine à Versailles. Adam Sc.

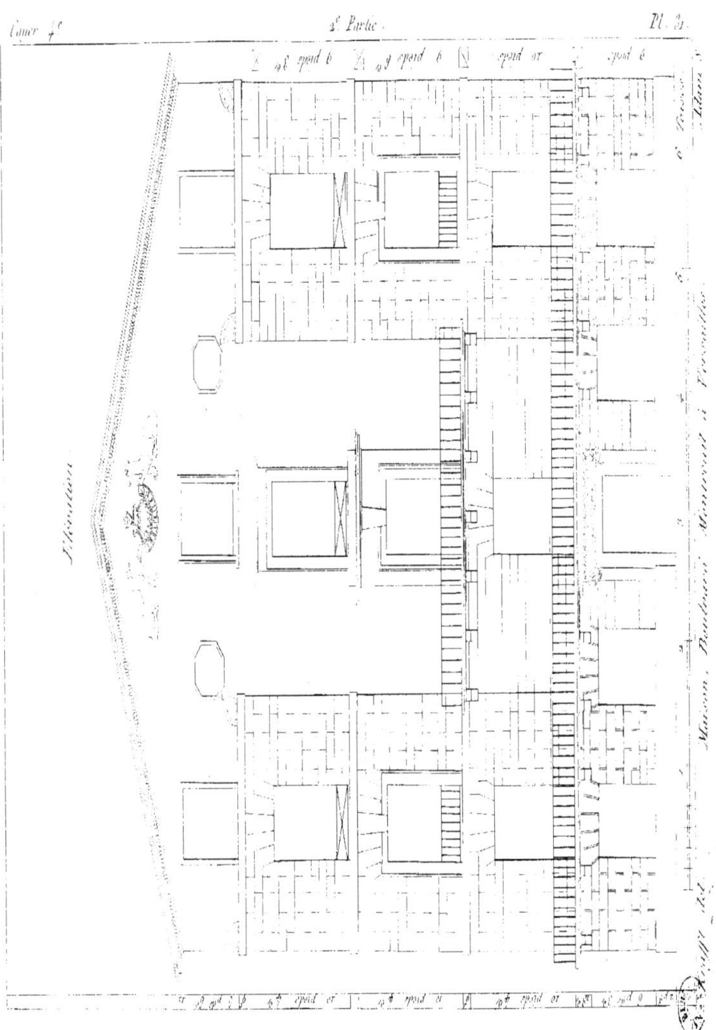

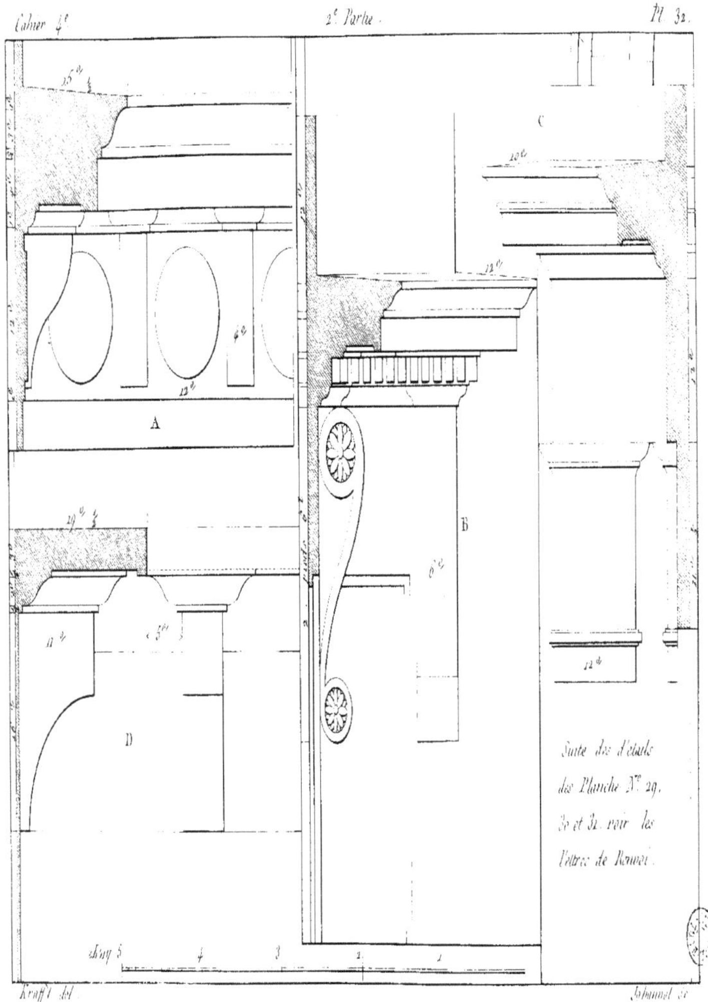
A
B
C
D
Suite des détails
des Planche No. 29.
30 et 31. voir les
Lettres de Renvoi.
Krafft del.
Sobinnet sc.

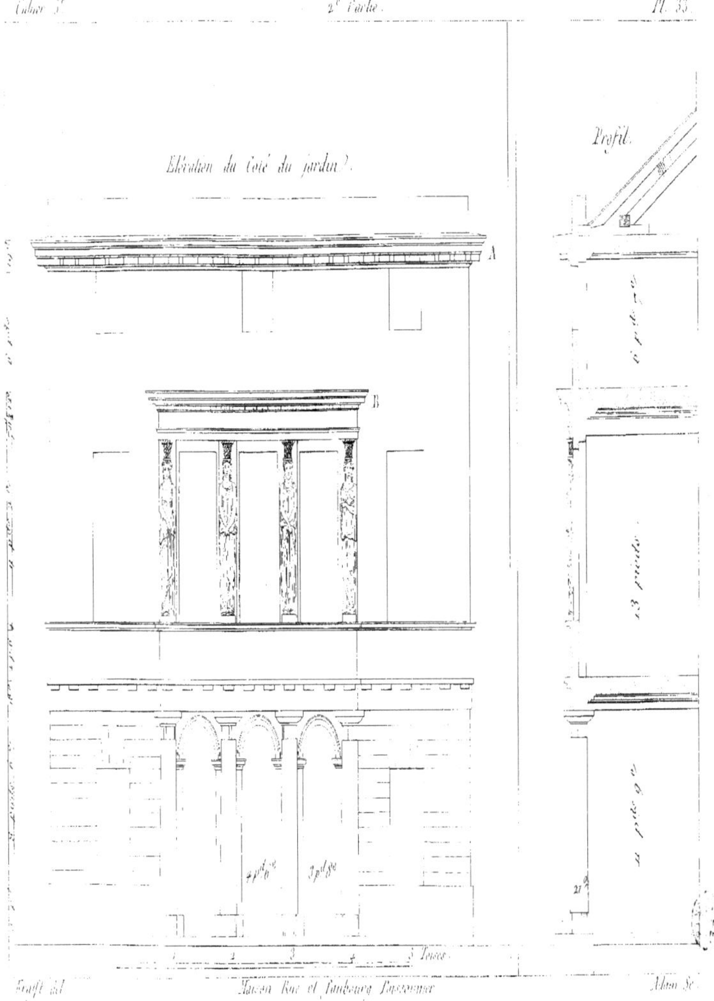

Krafft del. Maison Rue et Faubourg Poissonnier Alain Sc.

Cahier 5e
2e Partie
Pl. 34
Profil
Élévation du Côté de la cour.
Krafft del.
Maison Rue du Faubg Poissonnière.
Adam sc.

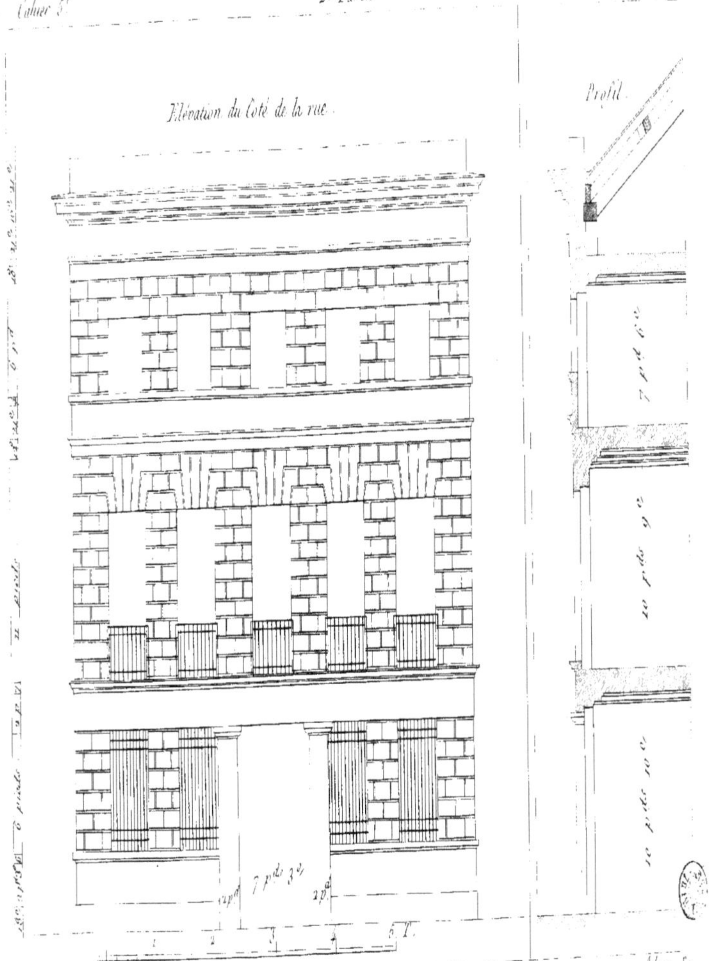

Élévation du Côté de la rue.

Profil

Krafft del. Maison Rue St Lazare. Adam Sc.

Cahier 5e
2e Partie
Pl. 36
Élévation du Côté du jardin
Profil
Krafft del.
Maison Rue St Lazare
Adam sc.

Détails de la Maison Rue St Lazare du Côté du Jardin.

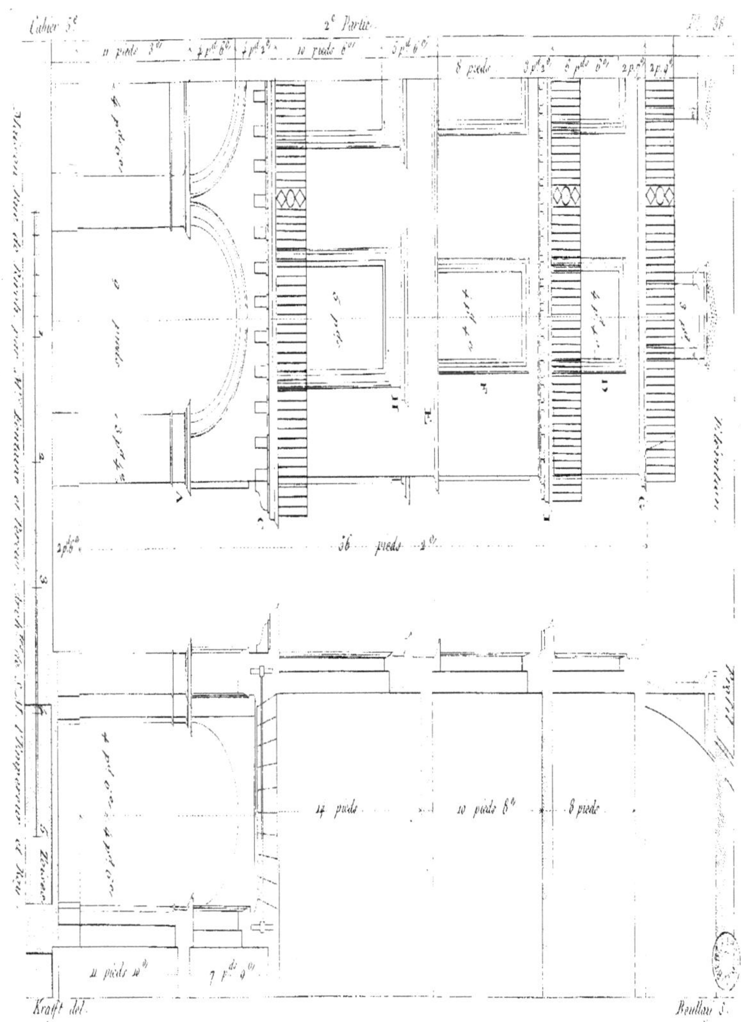
Cahier 5e
2e Partie
Pl. 38
11 pieds 3po
10 pieds 6po
8 pieds
36 pieds 2po
14 pieds
10 pieds 6po
8 pieds
11 pieds 10po
Kraft del.
Beullay S.

Krafft del. Roullay Sc.

Cahier 5e 2e Partie. Pl. 42

Maison rue de la Rochefoucault.

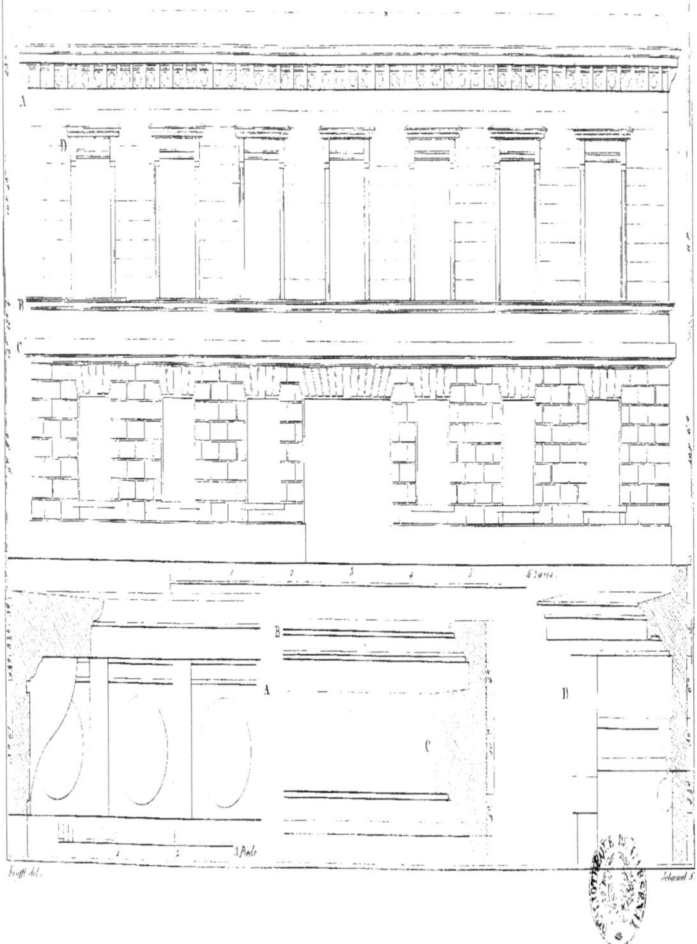

A

D

B

C

1 2 3 4 5 6 Mètres

B

A

D

C

1 2 3 Pieds

Ruffi del. Schmidt sc.

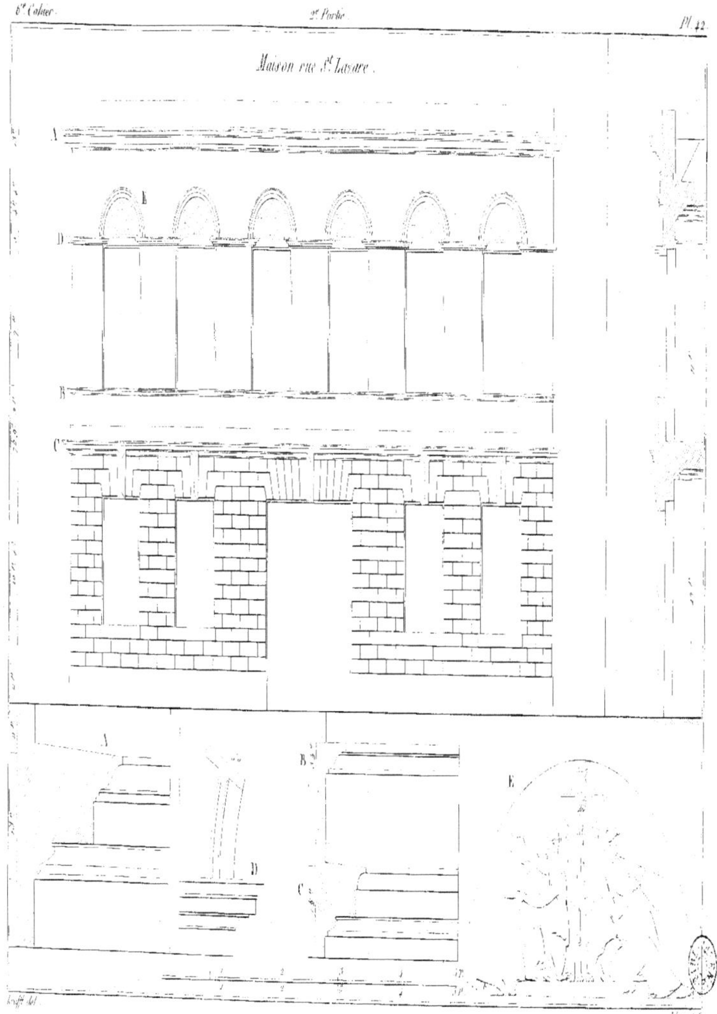
Maison rue St. Lazare.
A
E
D
B
C
A
B
D
C
E

Maison rue de Provence
A
B
C
D
A
B
C
D

Deux Maisons rue de Vendôme.

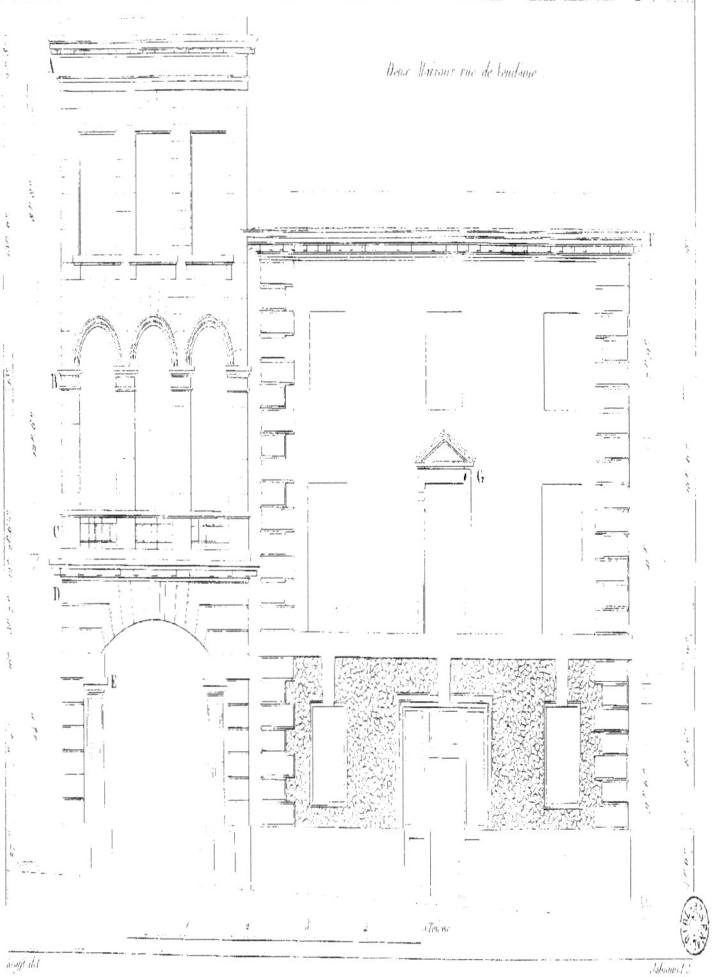

Aragt del. Johannot s.

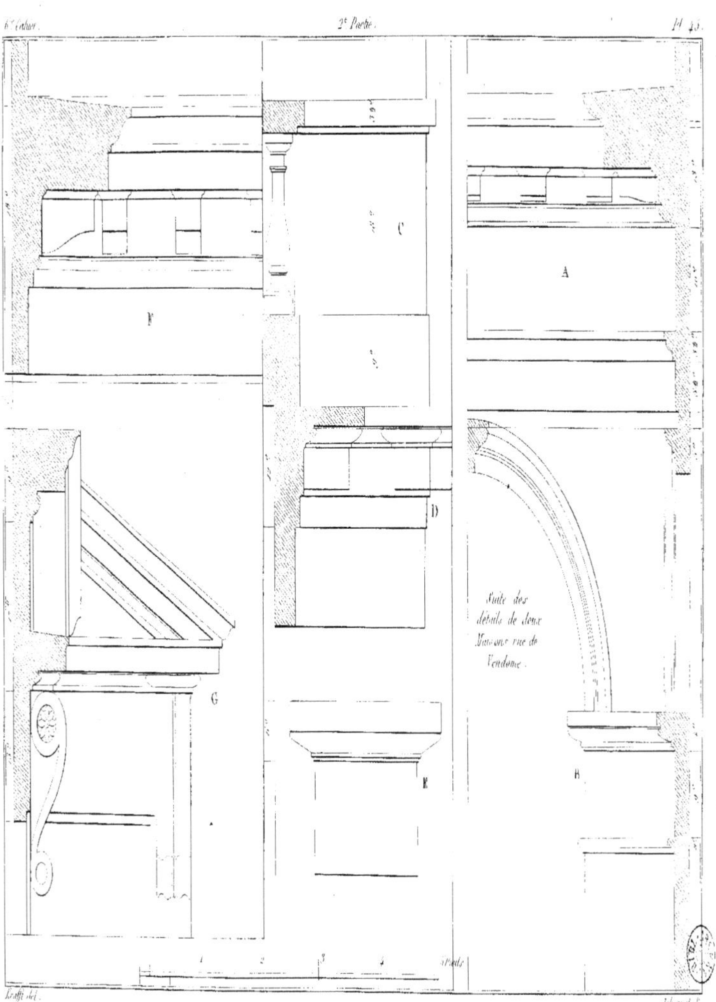
A
B
C
D
E
F
G
Suite des détails de deux Maisons rue de Vendôme.
1
2
3
4
5 Pieds

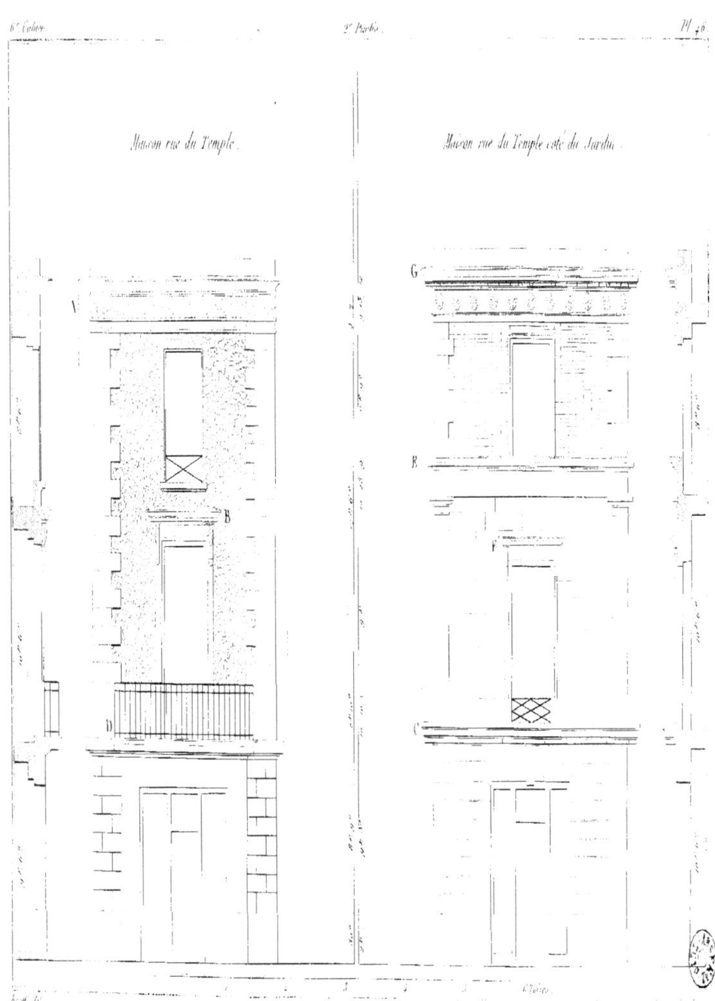
Maison rue du Temple.
Maison rue du Temple côté du Jardin.

Détails de deux Maisons rue du Temple.
A
B
C
D
E
F

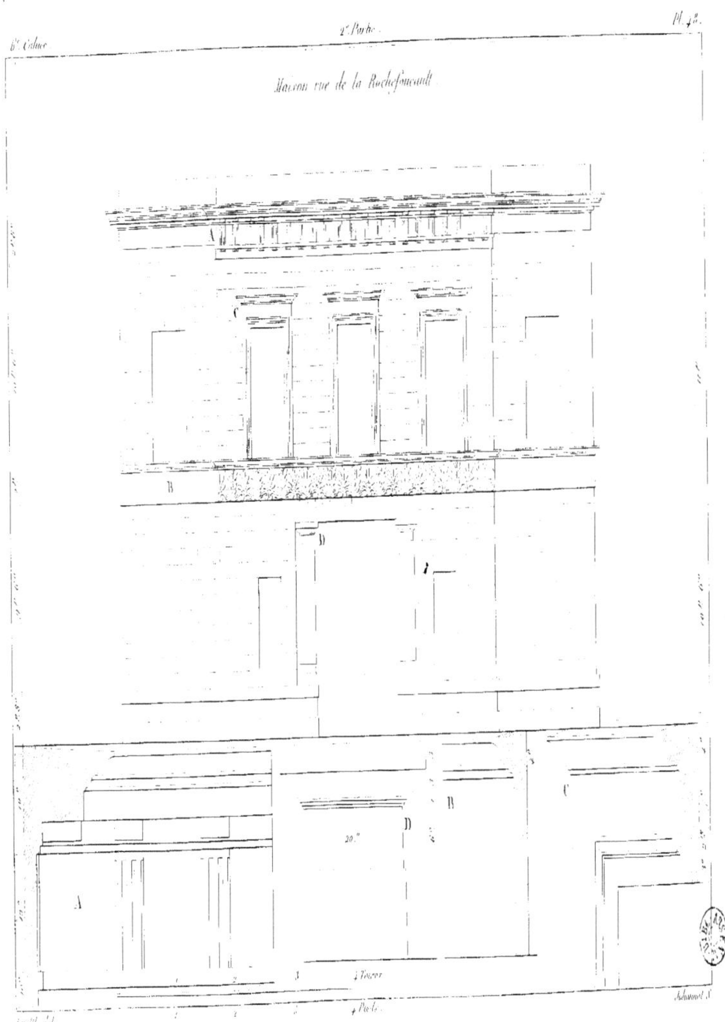
6e Cahier
2e Partie
Pl. 48.
Maison rue de la Rochefoucault
A
B
C
D
20.
1 2 3 4 Toises
1 2 3 4 Pieds
Johannot S.

Keyffi del. Johannot Sc.

Maison boulevard de l'Hopital.

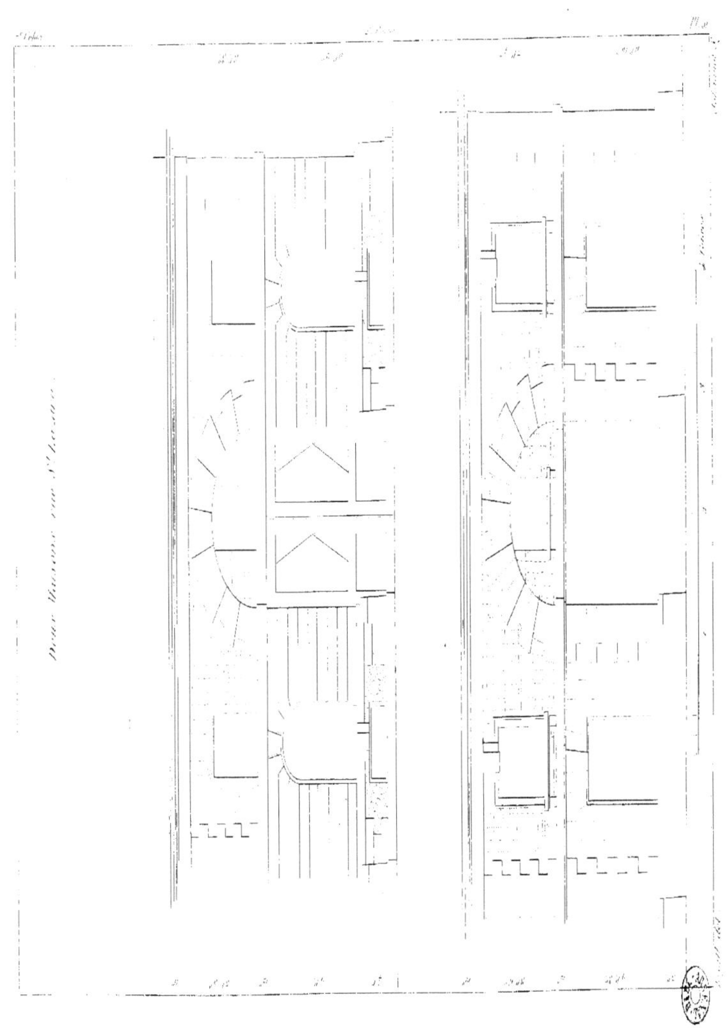

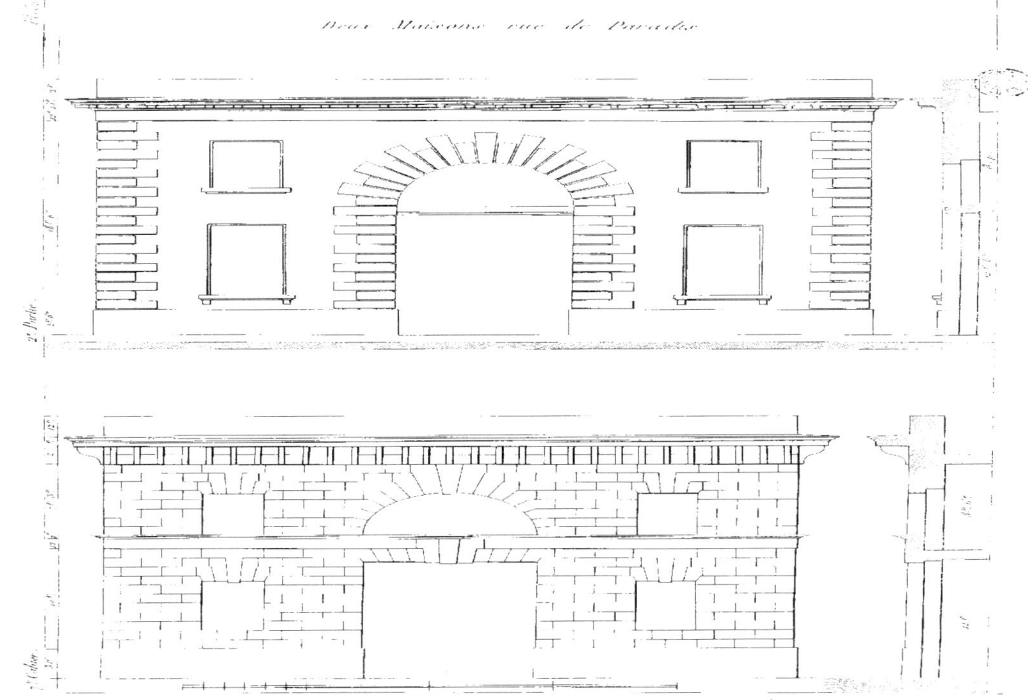
7e Cahier.
2e Partie.
Deux Maisons rue de Paradis

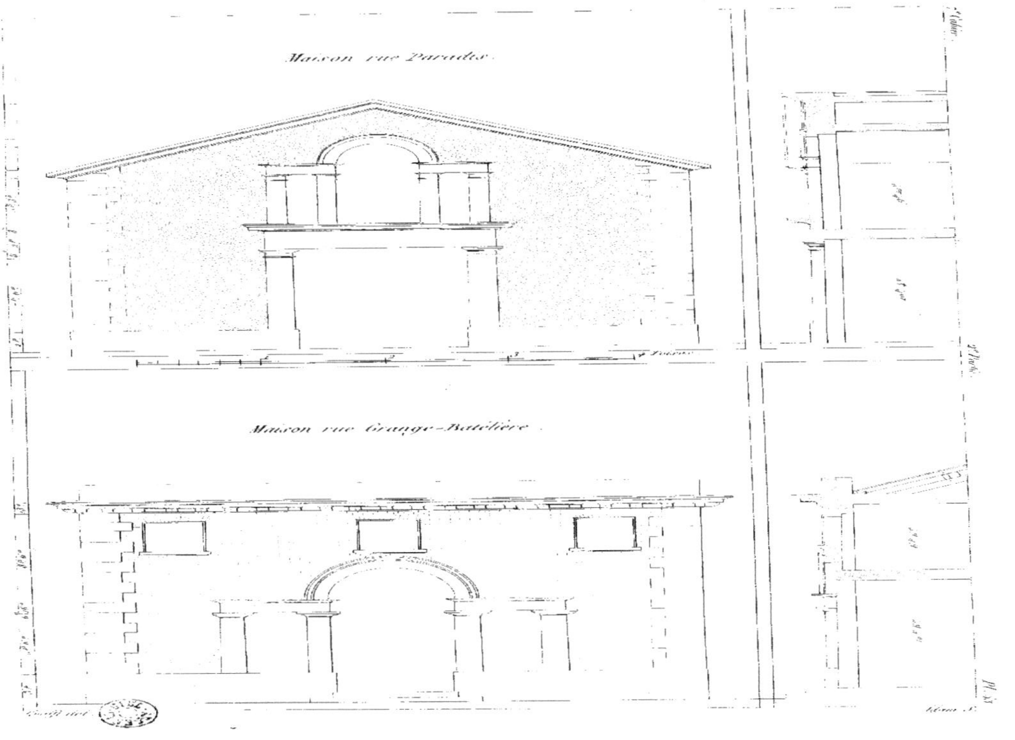
Maison rue Paradis.
Maison rue Grange-Batelière.

Maison au coin de la rue.
de la Bucherie.
A
B

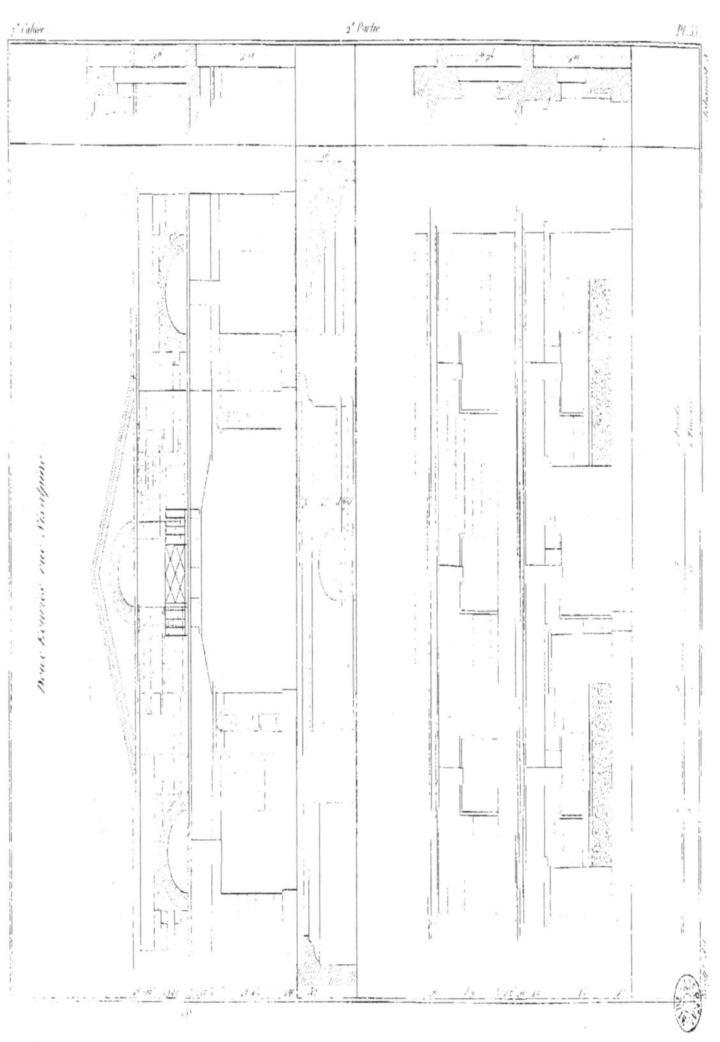

B
A
Écurie rue de Vendome.
A
B
1
2
3
4
5 Toises
1
2
3
4
5 Pieds
Krafft del.

Maison rue Ville l'Evêque du Coté du jardin.

(Restauration)

Elévation

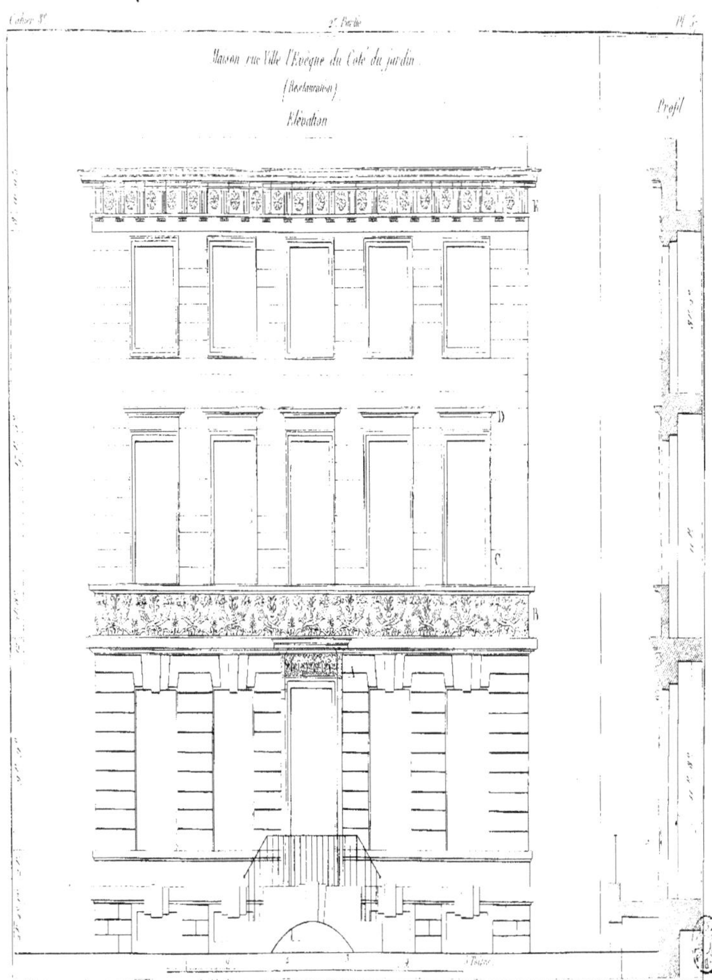

Krafft del. Johannot sc.

Krafft del.

Lalaisse? sc.

Leoffi del.

Maison rue ville l'Evêque du Coté du jardin

Elévation.

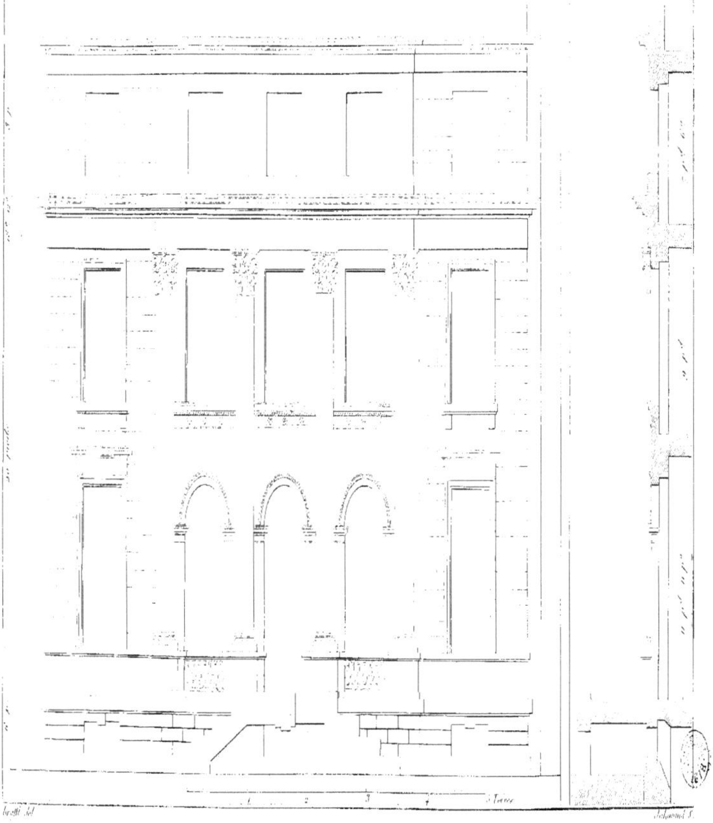

Profil.

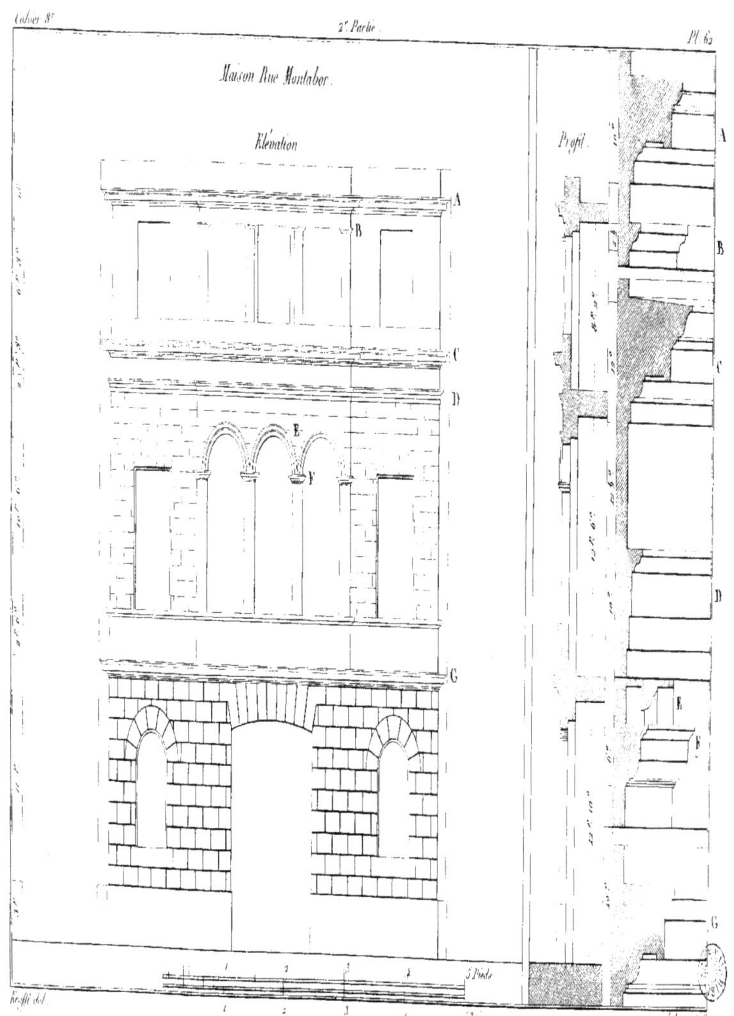
Maison Rue Montabor.
Élévation
Profil.
A
B
C
D
E
F
G
5 Pieds
5 Toises
Krafft del.
Johannot S.

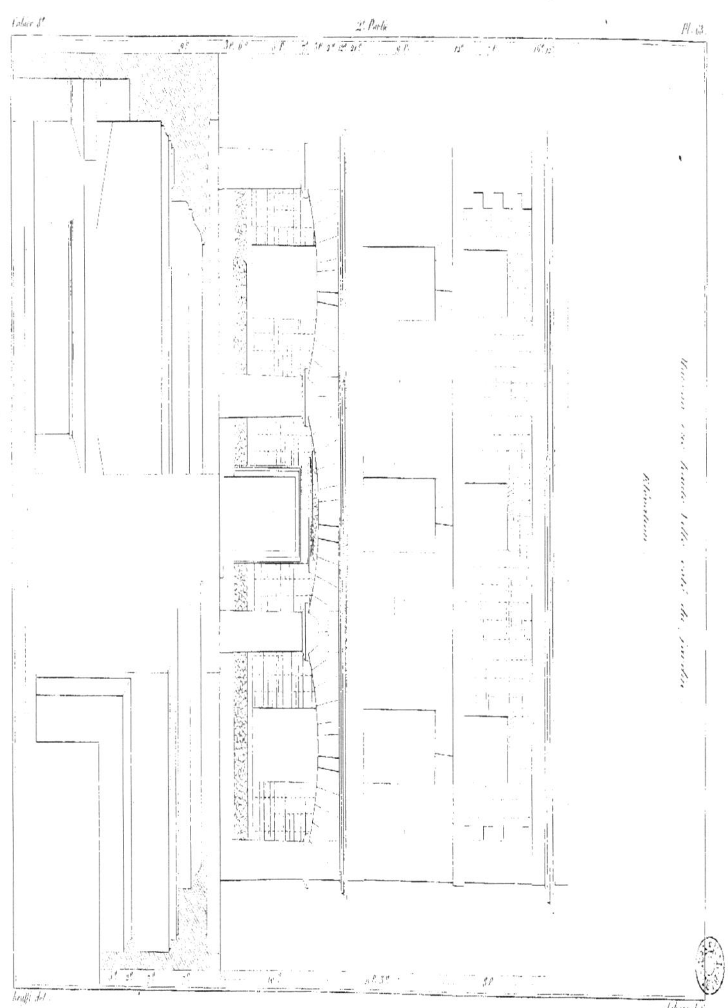

Krafft del. Ichnond sc.

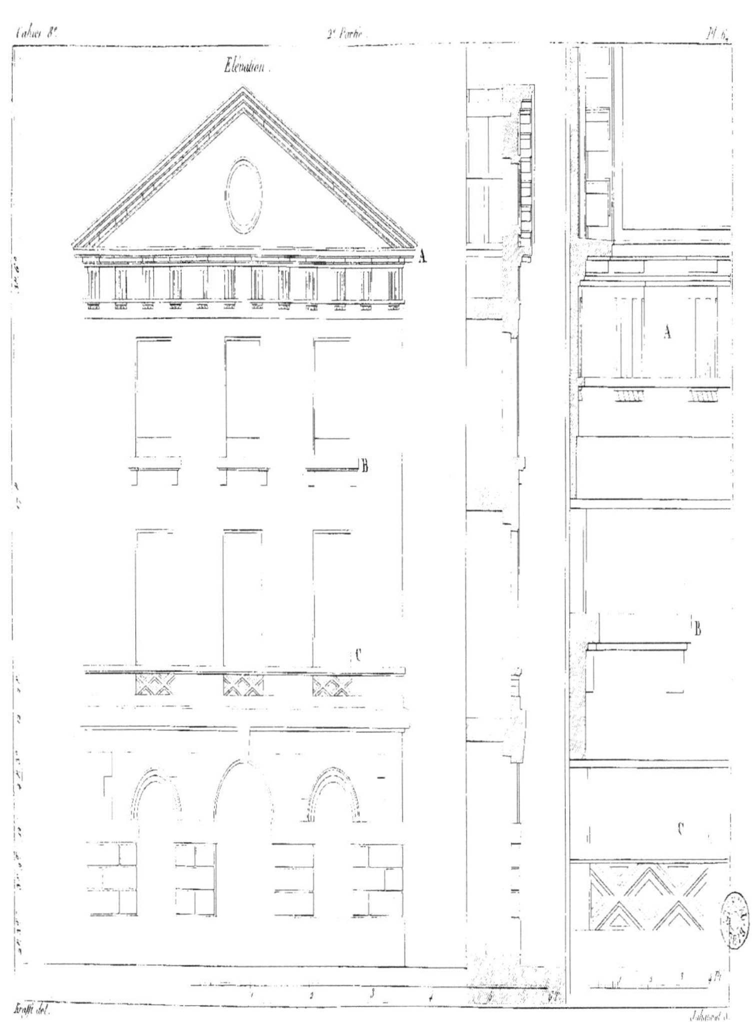
Élévation.
A
B
C
A
B
C

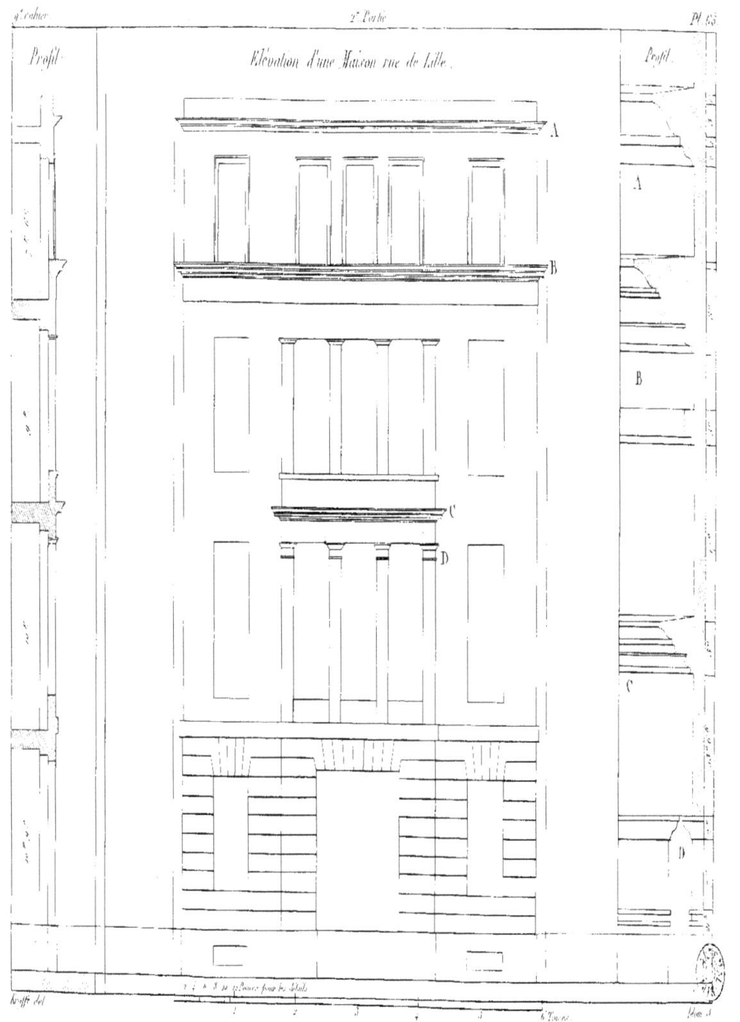
Profil.
Élévation d'une Maison rue de Lille.
Profil.
A
B
C
D
A
B
C
D
2 4 6 8 10 12 Pouces pour les détails
1 2 3 4 5 6 Toises
Krafft del.
Idem. sc.

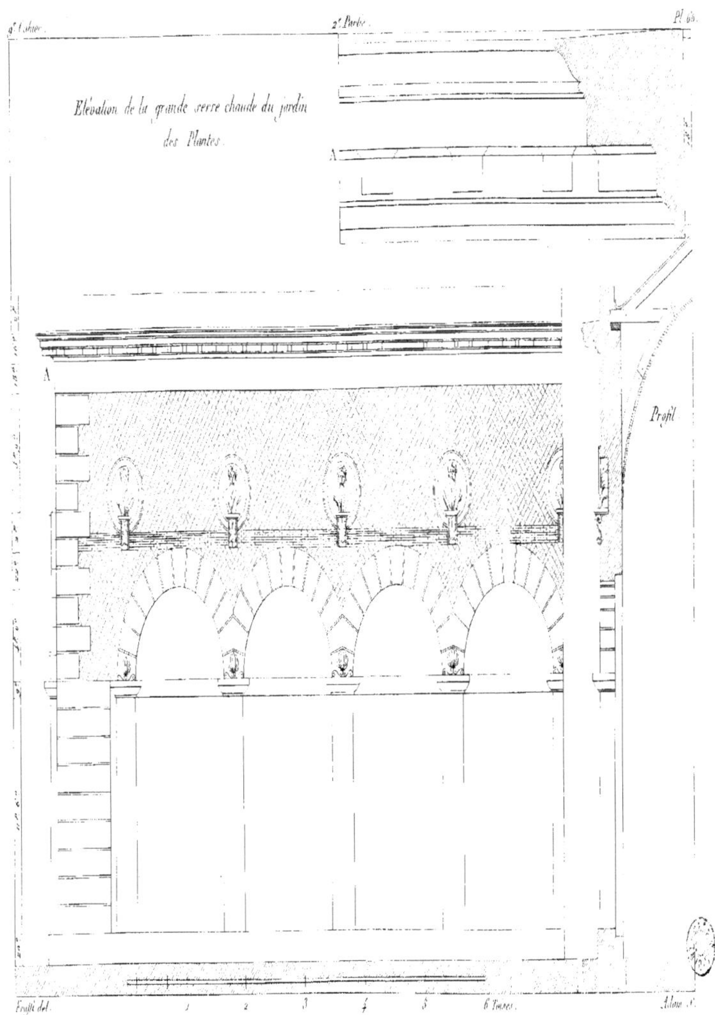

Eruffi del. Adam sc.

Élévation d'une sale de danse Boulevart de l'hopithale.

A

Profil.

A

1 2 3 4 5 6 Toises.

Krafft del. Adam S.

Élévation d'une Maison de Pension Boulevart de l'Hôpital.

Profil.

1 2 3 4 5 Toises.

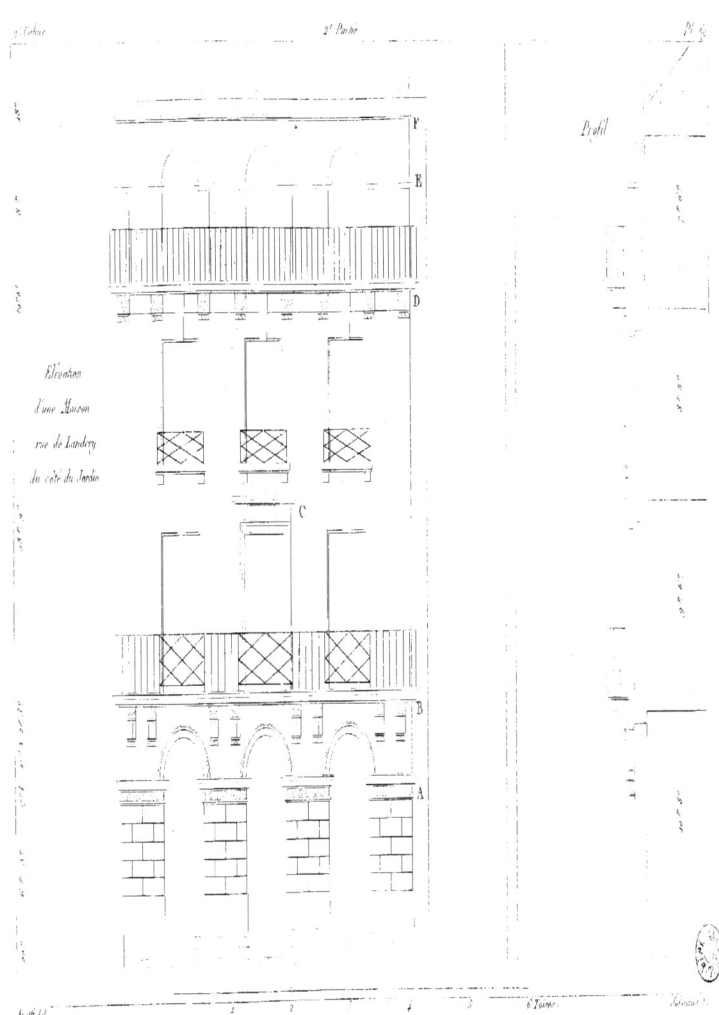
Profil
F
E
D
Elévation
d'une Maison
rue de Landery
du côté du Jardin
C
B
A
1
2
3
4
5
6 Toises.

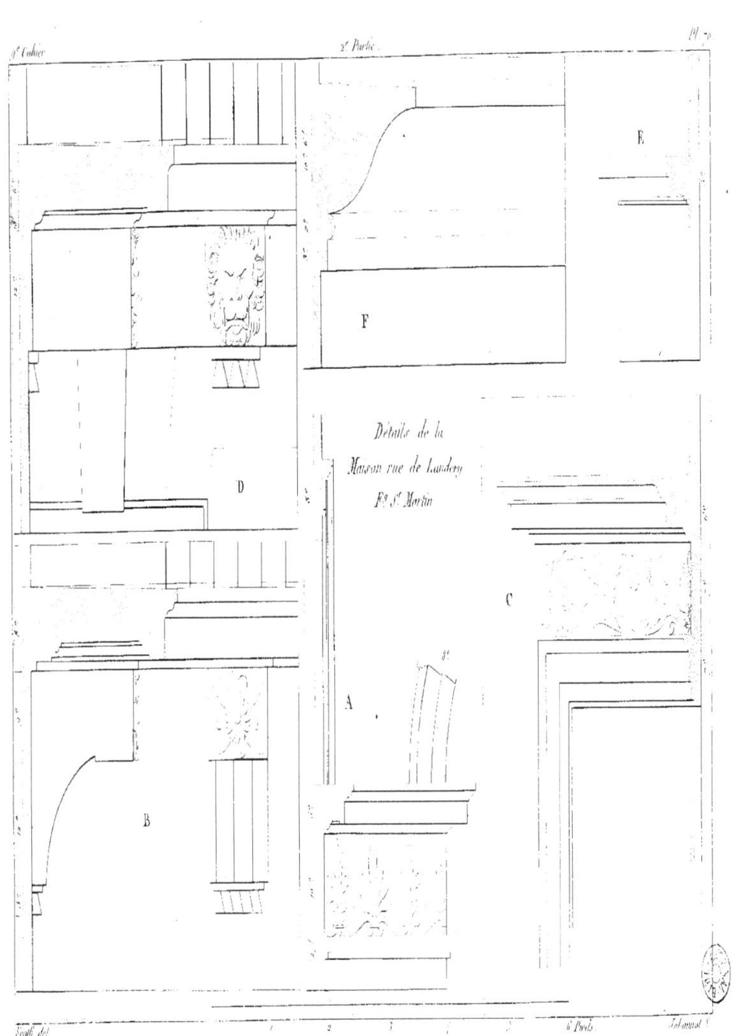
E
F
Détails de la
Maison rue de Landery
Fg St Martin
D
C
A
B
1 2 3 4 5 6 Pieds
Krafft del

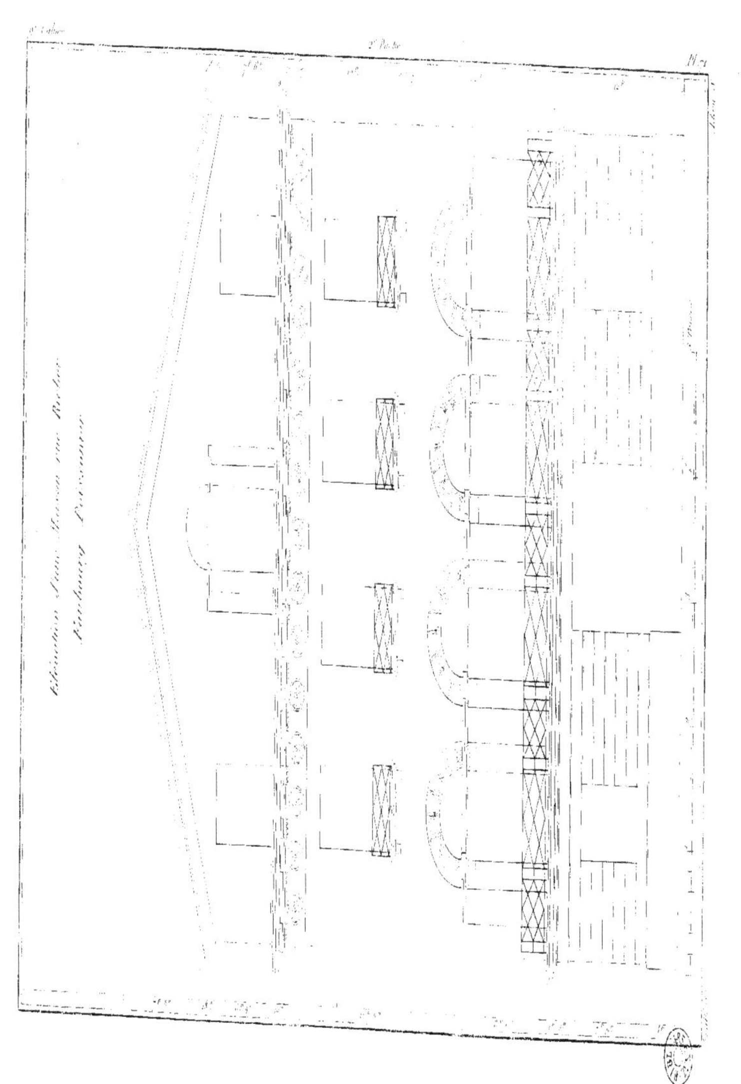

Lecointe del. Adam sc.

Élévation d'une Maison rue Villeveque du coté du Jardin.

Profil.

A

D

F

B

E

C

6 12 18 24 30 36 Pieds.

Krafft del.

2e Partie
Pl. 71
A
B
C
D
E
F
Détails de la Maison
Rue Villeneuve.

Élévation d'une Maison rue du Jardin des Plantes.
Profil.
A
B
C
6
12
18
24 Pieds.
1
2
3 Pieds.

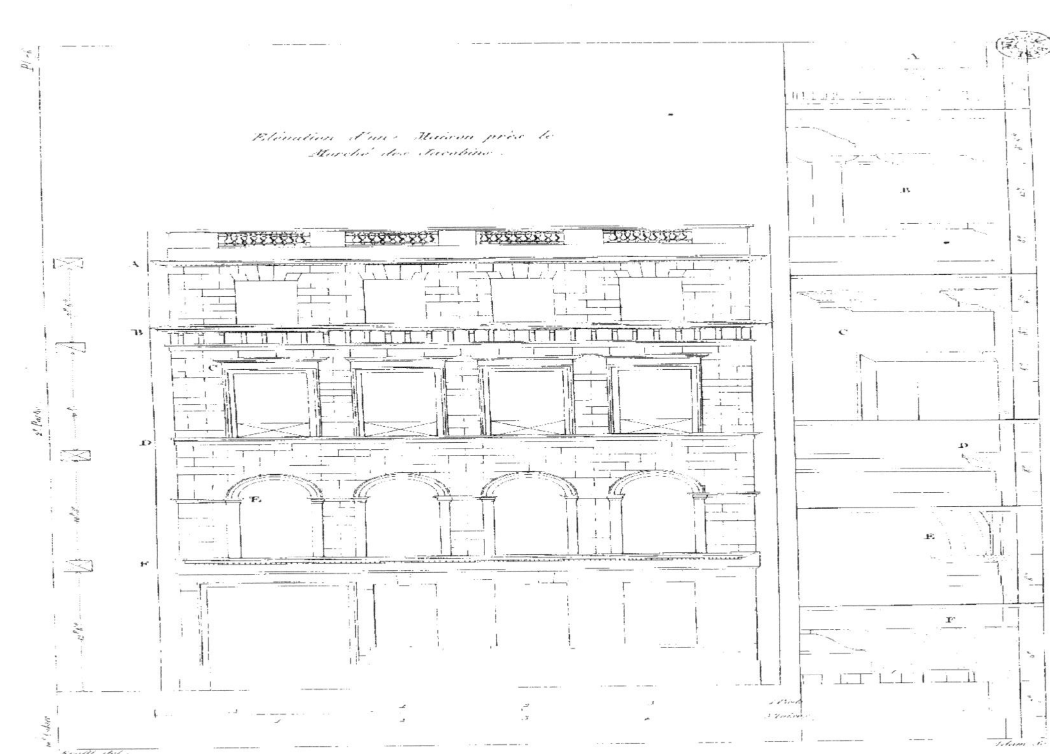
Pl. 6
2e Partie
10e Cahier
Élévation d'une Maison près le
Marché des Jacobins.
A
B
C
D
E
F
Krafft del.
Adam Sc.

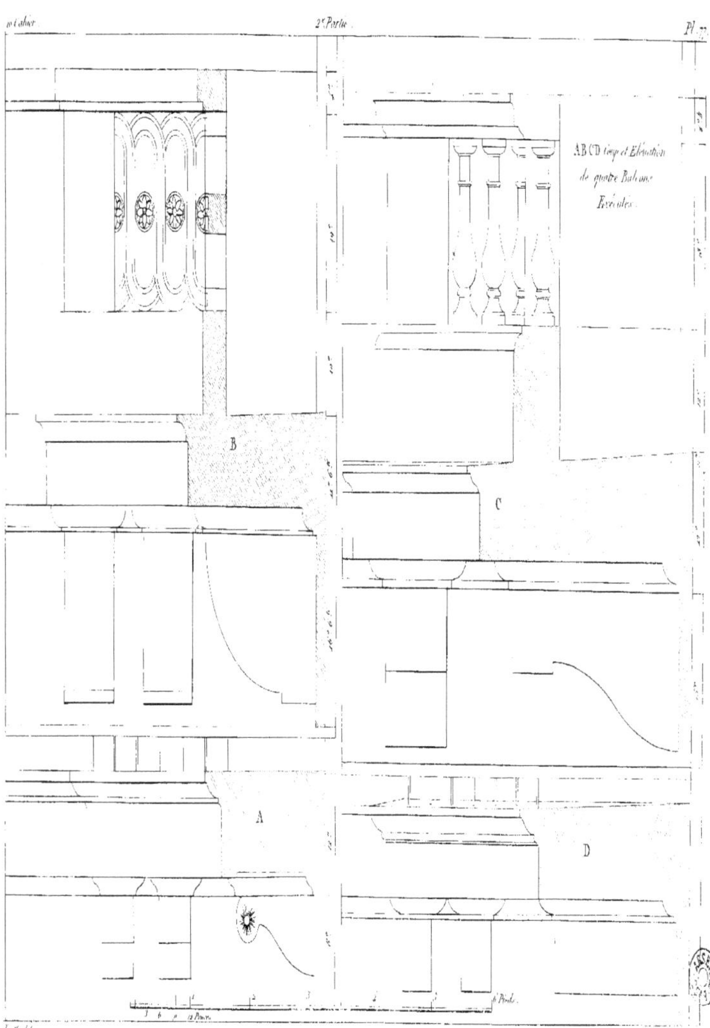
AB CD Coupe et Élévation
de quatre Balcons
Exécutés.
B
C
A
D

10e Cahier
2e Partie.
Pl. 8.
Élévation du cidevant Théâtre des Elèves de l'Opéra
Boulevard du Temple.
Profil
Salle des Elèves
de l'Opéra.
1
2
3
4

Élévation d'une Chapelle, Faubourg du Roulle.
Profil.
B
A
1
2
3
4 Toises
Pieds
Krafft del.

Détails de diverses croisées et Appuis de croisées.

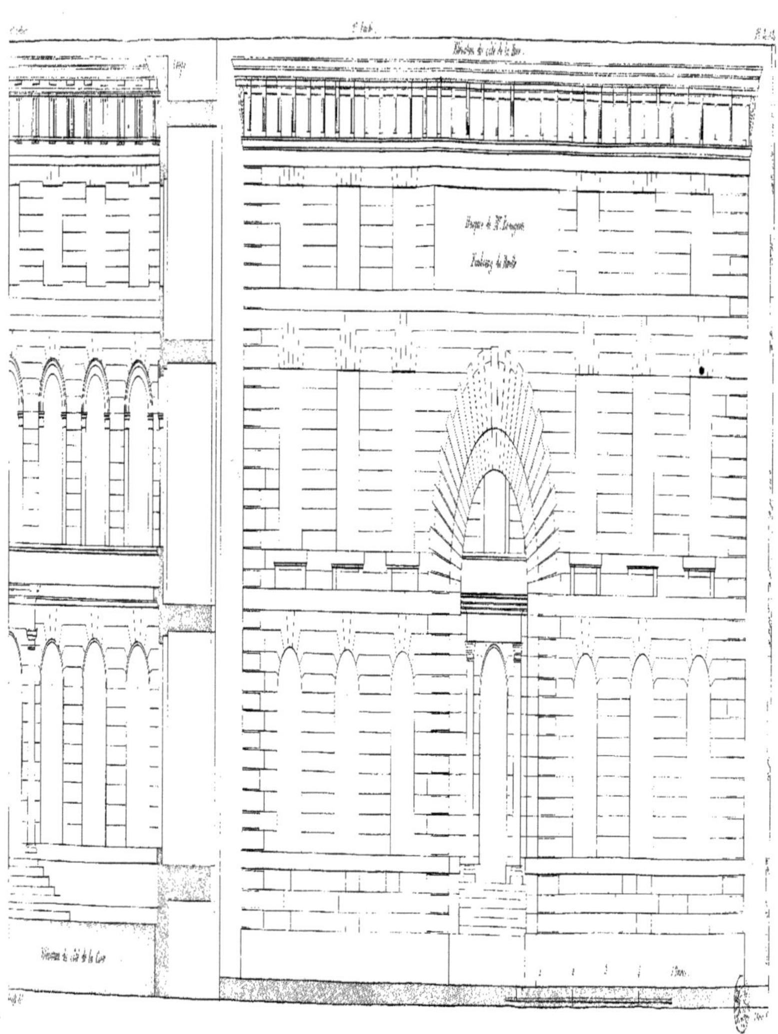

Élévation de la Conciergerie ci-devant enclos du Temple, côté du Nord.

Elévation de l'écurie de l'Archevêché, à côté de l'Église de Notre-Dame, par M. Paget Architecte.

Profil A

Krafft del. Adam sc.

Élévation du Théâtre Faydeau.

Élévation du Théâtre des Variétés
Boulevard Montmartre.
Profil
A
B
2 Pieds
6 Toises
Krafft del.
Adam sculp.

Élévation du Café et Restaurant de M.r Very au Jardin du Palais des Thuilleries par M.r Le Comte Architecte.

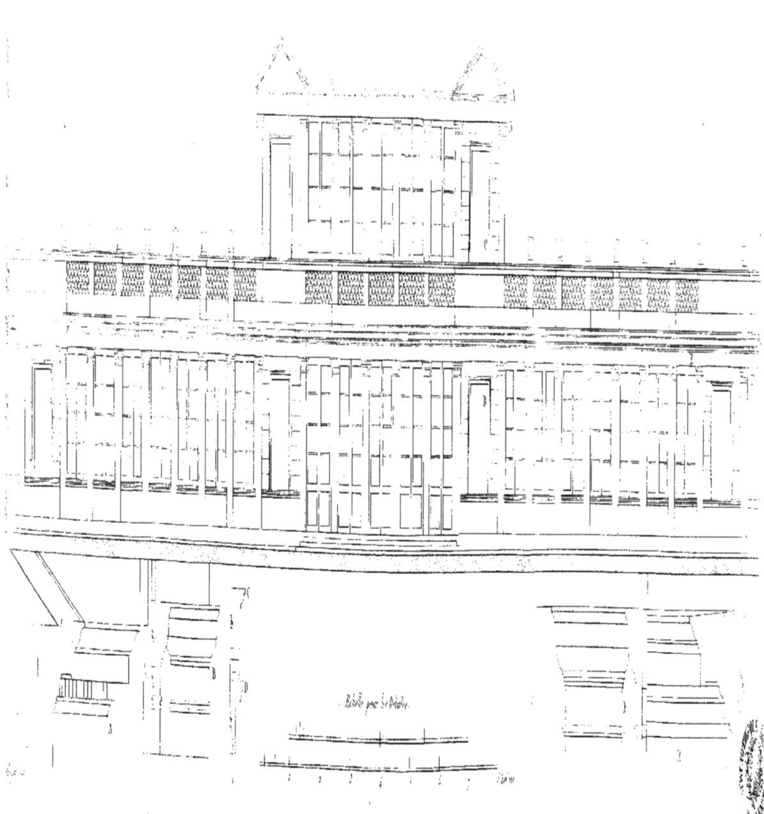

www.ingramcontent.com/pod-product-compliance
Ingram Content Group UK Ltd.
Pitfield, Milton Keynes, MK11 3LW, UK
UKHW020555180726
13838UKWH00001B/252